Josef Dörndorfer
Prozeßkostenhilfe für Anfänger

D1931523

Prozeßkostenhilfe
für Anfänger

von

Josef Dörndorfer
Justizamtmann

C. H. BECK'SCHE VERLAGSBUCHHANDLUNG
MÜNCHEN 1986

ISBN 3 406 31673 5
Satz und Druck: Appl, Wemding

Vorwort

Wird in einem Verfahren Prozeßkostenhilfe bewilligt, so gelten bezüglich der Prozeßkosten zahlreiche Besonderheiten. Erfahrungsgemäß bereitet es gerade dem Anfänger große Schwierigkeiten, die Zusammenhänge und „Nahtstellen" des komplexen Systems von verfahrens- und kostenrechtlichen Vorschriften zu durchschauen. Das Lehrbuch soll die Grundlagen dafür vermitteln, Zusammenhänge aufhellen und damit für den Studierenden sowie in der Anwalts- und Gerichtspraxis ein Leitfaden auf dem Weg durch diese schwierige Spezialmaterie sein.

München, August 1986 — Josef Dörndorfer

Literaturhinweise

Baumbach/Lauterbach/Albers/Hartmann, Zivilprozeßordnung, 44. Auflage, 1986

Drischler/Oestreich/Heun/Haupt, Gerichtskostengesetz, Kommentar, 3. Aufl, 1982

Gerold/Schmidt, Bundesgebührenordnung für Rechtsanwälte, Kommentar, 8. Aufl, 1984

Göttlich/Mümmler, Bundesgebührenordnung für Rechtsanwälte, Kommentar, 15. Aufl, 1984

Hartmann, Kostengesetze, 21. Aufl, 1983

Lappe, Gerichtskostengesetz, Kommentar, 1975

Markl, Gerichtskostengesetz, 2. Aufl, 1983

Riedel/Sußbauer, Bundesgebührenordnung für Rechtsanwälte, 5. Aufl, 1985

Schoreit/Dehn, Beratungshilfegesetz, Prozeßkostenhilfegesetz, Kommentar, 2. Aufl, 1985

Thomas/Putzo, Zivilprozeßordnung, 13. Aufl, 1985

Zöller/(Bearbeiter), Zivilprozeßordnung, Kommentar, 14. Aufl, 1984

Abkürzungsverzeichnis

aA . . . . anderer Ansicht
aaO . . . . am angegebenen Ort
Abs . . . . Absatz
aF . . . . alte Fassung
allgM . . . . allgemeine Meinung
Anm . . . . Anmerkung
ArbGG . . . . Arbeitsgerichtsgesetz
arg . . . . argumentum
Aufl . . . . Auflage
Art . . . . Artikel
BekM . . . . Bekanntmachung
BGB . . . . Bürgerliches Gesetzbuch
BGBl . . . . Bundesgesetzblatt
BGH . . . . Bundesgerichtshof
BGHZ . . . . Entscheidungssammlung des BGH in Zivilsachen (Band, Seite)
bRA . . . . beigeordneter Rechtsanwalt
BRAGO . . . . . . Bundesrechtsanwaltsgebührenordnung
BRAO . . . . Bundesrechtsanwaltsordnung
BSHG . . . . Bundessozialhilfegesetz
bzw . . . . beziehungsweise
DB-PKHG . . . . Durchführungsbestimmungen zum Prozeßkostenhilfegesetz
dh . . . . das heißt
ev . . . . eventuell
ff . . . . folgende
FGG . . . . Gesetz über die Angelegenheiten der freiwilligen Gerichtsbarkeit
gem . . . . gemäß
GG . . . . Grundgesetz
gg . . . . gegen
ggf . . . . gegebenenfalls
GKG . . . . Gerichtskostengesetz
GmbH . . . . Gesellschaft mit beschränkter Haftung
GVG . . . . Gerichtsverfassungsgesetz
GVGA . . . . Geschäftsanweisung für Gerichtsvollzieher
GVKostG . . . . . Gerichtsvollzieherkostengesetz
hb . . . . hilfebedürftige(r)
HGB . . . . Handelsgesetzbuch
hM . . . . herrschende Meinung
Hs . . . . Halbsatz
iH . . . . in Höhe

JBeitrO . . . . . . Justizbeitreibungsordnung
JMBl . . . . Justizministerialblatt
jur . . . . juristisch(e)
JurBüro . . . . . . Das Juristische Büro
JVBl . . . . Justizverwaltungsblatt
KFB . . . . Kostenfestsetzungsbeschluß
KG . . . . Kommanditgesellschaft
Kl . . . . Kläger
KostVfg . . . . . . Kostenverfügung
KV . . . . Kostenverzeichnis (Anlage zum GKG)
MwSt . . . . Mehrwertsteuer
NJW . . . . Neue Juristische Wochenschrift
Nr . . . . Nummer
OHG . . . . offene Handelsgesellschaft
OLG . . . . Oberlandesgericht
PKH . . . . Prozeßkostenhilfe
PKHG . . . . Prozeßkostenhilfegesetz
RA . . . . Rechtsanwalt
Rdnr . . . . Randnummer
Rpfleger . . . . . . Der Deutsche Rechtspfleger
RpflG . . . . Rechtspflegergesetz
S . . . . Satz, Seite
s . . . . siehe
sog . . . . sogenannte(r)(s)
StPO . . . . Strafprozeßordnung
u . . . . und
v . . . . vom
Verg . . . . Vergütung
VGH . . . . Verwaltungsgerichtshof
vgl . . . . vergleiche
VO . . . . Verordnung
Vorbem . . . . . . Vorbemerkung
ZB . . . . Zahlungsbestimmungen
zB . . . . zum Beispiel
ZPO . . . . Zivilprozeßordnung
ZuSEG . . . . Gesetz über die Entschädigung von Zeugen und Sachverständigen

Inhaltsübersicht

Inhaltsverzeichnis

Einleitung

1 Die verfahrens- und kostenrechtlichen Grundlagen der Prozeßkostenhilfe

1.1 Das Prozeßkostenhilfegesetz

1 Das **Gesetz über die Prozeßkostenhilfe** vom 13.06.1980 (BGBl I, S 677), in Kraft seit 1.1.1981, hat das frühere Armenrecht abgelöst. In den neu gefaßten §§ 114–127 ZPO wurde das **„Fundament"** für die Prozeßkostenhilfe gelegt.

Im Mittelpunkt der Regelung steht ein **Tabellensystem** (Anlage 1 zu § 114 ZPO), mit dem die Gerichte die wirtschaftliche Leistungsfähigkeit der Parteien messen können. Nach der Tabelle wird einem Personenkreis, der nur über ein Einkommen verfügt, das unter der festgelegten Eingangsschwelle liegt, die Prozeßkostenhilfe ohne Zahlungsverpflichtungen, also kostenfrei gewährt. Liegt das Einkommen über der Schwelle, so sind von der Partei Raten zu zahlen. Abhängig von der Höhe des Einkommens und den Unterhaltsverpflichtungen legt die Tabelle dann auch die Höhe der Monatsraten fest und begrenzt die Zahlungspflicht auf insgesamt 48 Monate. Die Partei kann daher schon bei Verfahrensbeginn die finanzielle Belastung konkret abschätzen.

1.2 Der beigeordnete Rechtsanwalt

2 Wird die Prozeßkostenhilfe bewilligt, dann wird der Partei in der Regel ein **Rechtsanwalt beigeordnet.** Vergütungsansprüche kann der beigeordnete Rechtsanwalt nur gegen die Staatskasse geltend machen. Wie und in welcher Höhe die Staatskasse beansprucht werden kann, regeln die §§ 121–130 BRAGO.

1.3 Die Kostenerstattung

3 Die bewilligte Prozeßkostenhilfe hat auf die Verpflichtung, die dem **obsiegenden Gegner** entstandenen **Kosten zu erstatten,** also auf das Verhältnis der Prozeßparteien zueinander, keinen Einfluß. Das bedeutet: Weder der Umfang des Kostenerstattungsanspruchs noch seine Festsetzung werden von der im Rechtsstreit bewilligten Prozeßkostenhilfe berührt. Es gelten §§ 91, 103–107 ZPO ohne Einschränkung.

1.4 Staatskasse und Kostenschuldner

4 Der **Staatskasse** kommt im Rahmen der Prozeßkostenhilfe eine **zentrale Rolle** zu: Sie erfüllt zum einen den Vergütungsanspruch des beige-

ordneten Rechtsanwalts und muß zum anderen Gerichtskosten, die im Rechtsstreit entstanden sind sowie die festgesetzten Zahlungen nach § 120 I, II ZPO, einziehen. Welche Partei für die Kosten haftet, wer Kostenschuldner ist, das bestimmen die Haftungstatbestände des Gerichtskostengesetzes; es gelten insbesondere die §§ 49, 54, 58, 68, 69 GKG. Die Beitreibung der Kosten, also die Geltendmachung des Anspruchs, wird dann allerdings von der Wirkung der bewilligten Prozeßkostenhilfe stark beeinflußt.

2 Gliederung

5 Der **Aufbau** des Buches folgt den **verfahrens- und kostenrechtlichen Strukturen** des Prozeßkostenhilfesystems.
Es werden behandelt in
- **Teil I** die Prozeßkostenhilfe (§§ 114–127 ZPO)
- **Teil II** die Vergütung des beigeordneten Rechtsanwalts (§§ 121–130 BRAGO)
- **Teil III** die Kostenerstattung und die Kostenfestsetzung (§§ 91, 103–107 ZPO)
- **Teil IV** die Kostenschuldner (§§ 49, 54, 58, 68, 69 GKG)

Schließlich wird in **Teil V** anhand von Übungsfällen dargestellt, wie sich diese Regelungsbereiche zusammenfügen.

Teil I
Prozeßkostenhilfe
(§§ 114–127 ZPO)

1 Voraussetzungen der Prozeßkostenhilfe, § 114 ZPO

1.1 Prozeßkostenhilfe wird auf ***Antrag*** *bewilligt, wenn*

- die Partei aufgrund ihrer persönlichen und wirtschaftlichen Verhältnisse die Kosten der Prozeßführung nicht, nur zum Teil oder nur in Raten aufbringen kann **(subjektive Voraussetzung)** und 6
- die beabsichtigte Rechtsverfolgung oder Rechtsverteidigung hinreichende Aussicht auf Erfolg bietet und nicht mutwillig erscheint **(objektive Voraussetzung).**

1.2 Begriff der Partei

Partei im Sinne des § 114 S 1 ZPO ist jede natürliche Person ohne Rücksicht etwa auf die Staatsangehörigkeit. Unbeachtlich ist hierbei die Parteirolle im Verfahren, so ist z.B. auch der Nebenintervenient „hilfefähig“. Auch inländischen juristischen Personen und parteifähigen Personenvereinigungen sowie Parteien kraft Amtes kann die Hilfe bewilligt werden; ausländische juristische Personen hingegen sind ausgeschlossen, § 116 ZPO. 7

1.3 Antrag

Prozeßkostenhilfe wird nur auf **Antrag** gewährt, für den auch im Anwaltsprozeß kein Anwaltszwang besteht, §§ 117 I, 78 II ZPO. Rechtzeitig kann der Antrag nur bis zum Abschluß der Instanz oder des Rechtsstreits gestellt werden, ein danach angebrachter Antrag ist verspätet und damit unzulässig. 8

1.4 Kosten der Prozeßführung

Im gerichtlichen Erkenntnisverfahren können im Zuge der Prozeßführung entstehen: 9

- **Rechtsanwaltskosten** (§ 1 I BRAGO)
- **Gerichtskosten** (§ 1 I GKG)
- **Gerichtsvollzieherkosten** (§ 1 I GVKostG)

1.5 Subjektive Voraussetzungen

10 Die **subjektiven Bewilligungsvoraussetzungen** sind dann gegeben, wenn die Partei „die Kosten der Prozeßführung nicht oder nur zum Teil oder nur in Raten aufbringen kann“. Das Gericht hat im Rahmen der PKH-Bewilligung zu prüfen, welcher dieser Tatbestandskategorien die Partei aufgrund ihrer persönlichen und wirtschaftlichen Verhältnisse zuzuordnen ist. Die maßgeblichen Entscheidungskriterien dafür sind in § 115 ZPO enthalten.

Drei Konstellationen sind möglich:

1. Verfügt die Partei über kein oder nur ein so geringes Einkommen, das die Tabellenschwelle nicht erreicht und daneben auch über kein Vermögen, so bleibt sie gänzlich **kostenfrei.**
2. Kann die Partei aus ihrem Vermögen Beträge aufbringen, so ist anzuordnen, daß davon ein **Anteil einzusetzen** ist.
3. Übersteigt das Einkommen der Partei die an der Untergrenze der Tabelle fixierten Beträge, so hat sie zu den Kosten des Rechtsstreits mit **Monatsraten** beizutragen.

1.5.1 Die Tabelle

11 Hat die Partei **Monatsraten** zu zahlen, so sind diese nach Maßgabe der **Tabelle** (Anlage 1 zu § 114 ZPO) festzusetzen, § 115 I S 1 ZPO. Bei der Anwendung der Tabelle ist folgendes zu beachten:

Das monatliche **Nettoeinkommen** ist, kombiniert mit der Zahl der Personen, denen der PKH-Antragsteller aufgrund gesetzlicher Verpflichtung Unterhalt leistet, der entsprechenden Tabellenstufe zuzuordnen, dann ergibt sich die Höhe der Monatsraten. Die Ratenverpflichtung besteht für **höchstens 48 Monate,** sie ist unabhängig von der Zahl der Rechtszüge und der Höhe des Streitwerts. Zu beachten ist: Diese höchste Zahlungsverpflichtung besteht für jedes selbständige Verfahren gesondert. So bilden z. B. das Arrest- und einstweilige Verfügungsverfahren zum anschließenden Hauptsacheverfahren keine einheitliche Ratenbasis, vielmehr ist in beiden Verfahren jeweils gesondert über je maximal 48 Monate zu zahlen. Eine Zahlungssperre tritt hier also erst nach 96 Monaten ein. (Nach der h. M. ist aber das Mahnverfahren beim nachfolgenden Erkenntnisverfahren zu berücksichtigen.)

Bei der Behandlung sog. **„Leermonate“,** das sind Monate mit ausgefallenen Raten, ist entscheidend, ob die Partei zahlungspflichtig war oder ob sie von der Ratenpflicht befreit war. War sie befreit, dann rechnen auch diese Monate im Rahmen der Höchstgrenze mit.

Beispiel:
In der ersten Instanz, mit einer Dauer von 12 Monaten war PKH ohne Zahlungsverpflichtung bewilligt.

In der zweiten Instanz war die PKH-Bewilligung mit Ratenzahlungen verbunden. Da die 12 Monate als sog. „Leermonate“ anzurechnen sind, ist hier die Ratenverpflichtung auf höchstens 36 Monate begrenzt.

Im Gegensatz zum früheren Armenrecht gibt es **keine Nachzahlungspflicht** mehr; eine Partei die etwa nach Ablauf der Zahlungsmonate Vermögen erwirbt hat Glück, sie bleibt gänzlich kostenfrei. Die Ratenzahlungspflicht beginnt grundsätzlich sofort, § 329 I ZPO, § 271 I BGB.

1.6 Sachliche (objektive) Voraussetzungen

Damit nun die wirtschaftlich hilfebedürftige Partei auch in den „Genuß" der PKH kommen kann, muß als weiteres Erfordernis die beabsichtigte Rechtsverfolgung oder Rechtsverteidigung **hinreichende Aussicht auf Erfolg bieten** und darf **nicht mutwillig** erscheinen. Hinreichende Erfolgsaussicht ist dann zu bejahen, wenn das Gericht das Vorbringen des Antragstellers in tatsächlicher und rechtlicher Hinsicht für zumindest vertretbar hält und die Möglichkeit einer Beweisführung gegeben ist. Die Anforderungen an dieses Tatbestandsmerkmal dürfen aber nicht überzogen werden, insbesondere ist das PKH-Bewilligungsverfahren nicht dazu geeignet, zum „Terrain" einer (vorweggenommenen) Hauptsacheentscheidung zu werden. 12

Die beabsichtigte Rechtsverfolgung oder Rechtsverteidigung darf auch nicht mutwillig sein. Eine Definition dieses Begriffs war in § 114 I 2 ZPO a.F. enthalten: „Die Rechtsverfolgung ist dann als mutwillig anzusehen, wenn mit Rücksicht auf die für die Beitreibung des Anspruchs bestehenden Aussichten eine nicht das Armenrecht beanspruchende Partei von einer Prozeßführung absehen oder nur einen Teil des Anspruchs geltend machen würde"; diese Definition gilt fort.

2 Einzusetzendes Einkommen und Vermögen, § 115 ZPO

2.1 Allgemeines

Die Bestimmung ergänzt die Regelung des § 114 ZPO hinsichtlich der subjektiven (wirtschaftlichen) Voraussetzungen für die Bewilligung der PKH. Zu diesem Zweck wird in Abs 1 der Einkommensbegriff präzisiert und die Berechnung des Einkommens geregelt. In Abs 2 wird bestimmt, in welchem Umfang die Partei ihr Vermögen einzusetzen hat, Abs 3 stellt eine Barriere für den Zugang zur PKH auf und Abs 4 schließlich läßt in Härtefällen auch die Bezieher höherer Einkommen zu den Vergünstigungen der PKH zu. 13

2.2 Berechnung des Einkommens

Zum **Einkommen** gehören **„alle Einkünfte in Geld oder Geldeswert"** (§ 115 I 2 ZPO). Da **§ 76 II BSHG** entsprechend anzuwenden ist, gelten folgende Grundsätze: 14

Nur das **verfügbare Einkommen** ist einzusetzen, unvermeidbare Ausgaben sind mindernd zu berücksichtigen. In der Regel werden hier Einkünfte aus selbständiger und nichtselbständiger Arbeit in Betracht kommen. Darunter fallen auch Renten jeder Art oder öffentliche Unterstützungen, wie z.B. das Wohngeld und die Arbeitslosenunterstützung. Auch Natural- und Sachbezüge, z.B. freie Unterkunft oder freie Verpflegung sind einzusetzen und zu bewerten. Zu ermitteln ist das **Monatseinkommen,** so daß einmalige Einkünfte, z.B. Urlaubs- und Weihnachtsgeld umzulegen sind; unvermeidbare Belastungen sind vom (Brutto)-Monatseinkommen abzuziehen. Absetzbar sind (§ 76 II BSHG):

1. die auf das Einkommen entrichteten Steuern,
2. die Pflichtbeiträge zur Sozialversicherung einschließlich der Arbeitslosenversicherung,
3. die Beiträge zu öffentlichen oder privaten Versicherungen oder ähnlichen Einrichtungen, soweit diese Beträge gesetzlich vorgeschrieben oder nach Grund und Höhe angemessen sind,
4. die mit der Erzielung des Einkommens verbundenen notwendigen Ausgaben.

2.2.1 Besondere Belastungen

15 In Anwendung der **Härteklausel** des **§ 115 I, 3 Hs 2 ZPO** können daneben **weitere Beträge** abgesetzt werden: „Soweit dies mit Rücksicht auf besondere Belastungen angemessen ist". Dadurch verfügt das Gericht bei der PKH-Bewilligung zugunsten der antragstellenden Partei über einen flexiblen Bereich. Als besondere Belastungen kommen etwa in Betracht: Aufwendungen im Zusammenhang mit familiären Ereignissen (z.B. die Beschaffung einer Wohnungseinrichtung), oder auch Zins- und Tilgungsleistungen für ein nach § 88 II Nr 7 BSHG geschütztes Haus – verkürzt um einen fiktiven Mietzins – und ferner auch die Kosten für eine berufliche Fortbildung.

2.2.2 Familieneinkommen

16 Auszugehen ist nach der h.M. **alleine** vom Einkommen des PKH-Antragstellers, so daß ein weiteres Einkommen, etwa das des mitverdienenden Ehegatten unberücksichtigt bleibt. Einer unbilligen Privilegierung gut verdienender Ehegatten kann dadurch begegnet werden, daß der Antragsteller auf seinen Anspruch auf Prozeßkostenvorschuß verwiesen wird (§ 1360 a IV BGB, § 115 II ZPO).

2.3 Unterhaltsberechtigte Personen

17 Nach der Tabelle zu § 114 ZPO sind **Unterhaltsverpflichtungen** des Antragstellers bei der Bemessung und Festsetzung der Monatsrate zu berücksichtigen. Neben der Zahl der im Familienverband lebenden unterhaltsberechtigten Personen ist dabei entscheidend, daß der Unterhalt auch **tatsächlich geleistet** wird. Ohne Belang ist hingegen, ob der Unterhalt in bar, in Form von Naturalien oder durch Betreuung erbracht wird. Zu beachten ist, daß die unterhaltsberechtigten Personen aber dann unberücksichtigt bleiben, wenn sie selber über ein eigenes Einkommen verfügen, § 115 I 4 ZPO. Das gilt nur dann nicht, wenn die Höhe des Einkommens gering ist und eine Nichtberücksichtigung damit unbillig wäre.

2.4 Einsatz des Vermögens, § 115 II ZPO

Die antragstellende Partei hat ihr **gesamtes Vermögen** einzusetzen, soweit dies zumutbar ist, **§ 88 des Bundessozialhilfegesetzes** ist entsprechend anzuwenden. Eine Definition des Vermögensbegriffes ist im Gesetz nicht enthalten, § 88 I BSHG umreißt diesen lediglich wie folgt: „Zum Vermögen im Sinne dieses Gesetzes gehört das gesamte verwertbare Vermögen". **Nicht verwertbar** sind zunächst die im Katalog des § 88 II Nr 1–8 BSHG aufgeführten Vermögensbestandteile, die damit bei der Prüfung der subjektiven Voraussetzungen der PKH außer Betracht bleiben. Nach § 88 III BSHG können daneben im Härtefall auch noch weitere Vermögensteile freibleiben. 18

Soweit nun § 115 II ZPO die Regelung des BSHG einbezieht und damit die subjektiven Voraussetzungen der Prozeßkostenhilfe wesentlich eingrenzt, bedeutet dies: Die Hilfe darf nicht davon abhängig gemacht werden, daß die Partei zunächst ihren Vermögensstamm „aufzehrt" und dadurch ihre Existenzgrundlagen gefährdet. Zudem ist zu beachten, daß das **Gericht** über einen **eigenen Ermessensspielraum** verfügt und abweichend von der Regelung des BSHG vom Vermögenseinsatz auch dann absehen kann, wenn dies im Einzelfall nicht zumutbar ist.

2.4.1 Einsetzbares Vermögen im einzelnen

Verwertbare Vermögensbestandteile sind alle geldwerten beweglichen und unbeweglichen Sachen sowie Forderungen und sonstige Vermögensrechte (z.B. Urheberrechte und Patente). Hierzu gehören z.B.: wertvolle Einrichtungsgegenstände, Grundbesitz, luxuriöse Kraftfahrzeuge, Sparguthaben, Wertpapiere, der Anspruch auf einen (ralisierbaren) Prozeßkostenvorschuß und der Anspruch gegen einen Rechtsschutzversicherer. Das Vermögen ist aber dann nicht einzusetzen, wenn es nicht verwertbar ist. Das ist in der Regel dann der Fall, wenn es entweder unpfändbar ist, §§ 811, 857 ZPO, oder aber momentan nicht verfügbar ist (z.B. Guthaben auf Sperrkonten). 19

2.5 Die PKH-Zugangssperre nach § 115 III ZPO

Liegen die objektiven und subjektiven Voraussetzungen des § 114 ZPO zwar vor, so ist die PKH aber trotzdem zu versagen, wenn die **Kosten des Rechtsstreits vier Monatsraten** und die aus dem Vermögen aufzubringenden **Teilbeträge** nicht übersteigen. Damit hat der Gesetzgeber eine **Zugangsbarriere** errichtet, die eine Partei von der PKH dann ausschließt, wenn ihr zuzumuten ist, daß sie die Prozeßkosten mit eigenen Mitteln bestreiten kann. Momentane Finanzierungsengpässe sind dann eben mit einer Darlehensaufnahme zu überbrücken. Um den Rahmen der „Hürde" des Abs 3 abzustecken, muß das Gericht für das angestrebte Verfahren die Kosten vorweg taxieren. Die **Kostenprognose** hat die Gerichts- und Rechtsanwaltskosten zu erfassen. Anzusetzen sind in der Regel: Verfahrens- und Urteilsgebühr nach GKG, nebst 5,– DM Zustellungsauslagen 20 sowie dazu 3 Rechtsanwaltsgebühren nach §§ 11 und 31 BRAGO nebst Auslagenpauschale und Mehrwertsteuer.

(Hinweis: In den Durchführungsbestimmungen zum PKHG sind dazu tabellarische Berechnungshilfen enthalten.)

2.6 Überschreiten der Tabellenobergrenze, § 115 IV ZPO

21 Ausnahmsweise kann eine Partei, deren Einkommen die Höchstbeträge der Tabelle übersteigt, dann die Vergünstigungen der PKH erhalten, wenn die Belastung mit den Kosten der Prozeßführung ihren **angemessenen** Lebensunterhalt erheblich beeinträchtigen würde. Die Höhe des „angemessenen" Lebensunterhalts ist nach der Maßgabe des § 1610 BGB zu ermitteln. Wird PKH dann nach Abs 4 gewährt, so ist die höchste Monatsrate (520,– DM) um den Teil des Nettoeinkommens zu erhöhen, der den in der Tabelle festgesetzten Grenzbetrag **übersteigt.**

Beispiel:
Der PKH-Antragsteller ist ledig, monatliches Nettoeinkommen 2700,– DM. Monatsrate: 520,– DM + 300,– DM = 820,– DM.

In den Fällen des Abs 4 wird jedoch die PKH-Bewilligung letztlich häufig an der Zugangsschwelle des Abs 3 scheitern.

3 Parteien kraft Amtes; jur. Personen; parteifähige Vereinigungen, § 116 ZPO

Die Vorschrift läßt auch Parteien kraft Amtes, jur. Personen und parteifähige Personenvereinigungen zur PKH zu. Das **Tabellensystem** des § 114 S 2 ZPO und damit das Ratenmaximum von 48 Monatsraten ist jedoch **unanwendbar.**

3.1 Parteien kraft Amtes

22 Hierher gehören insbesondere der Testamentsvollstrecker, der Nachlaß- und der Konkursverwalter. Der Anspruch auf PKH setzt voraus: die Prozeßkosten können aus der verwalteten Vermögensmasse nicht aufgebracht werden **und** den am Gegenstand des Rechtsstreits wirtschaftlich Beteiligten (z.B. Erben, Gemeinschuldner, Gläubiger) ist nicht zuzumuten, die Kosten selbst aufzubringen. Weiter ist (objektiv) erforderlich, daß die beabsichtigte Rechtsverfolgung oder Rechtsverteidigung hinreichende Aussicht auf Erfolg bietet und nicht mutwillig erscheint.

3.2 Inländische juristische Personen, parteifähige Vereinigungen

23 Zur ersten Kategorie gehören insbesondere rechtsfähige Vereine, Aktiengesellschaften, die GmbH und Genossenschaften.

Parteifähige Vereinigungen sind: OHG, KG und der nichtrechtsfähige Verein auf der Passivseite. Die Bewilligung der PKH setzt weiter voraus, daß **weder** von der jur. Person **noch** von den am Gegenstand des Rechtsstreits wirtschaftlich Beteiligten (z.B. Gesellschafter) Kosten aufgebracht werden können **und,** daß die Unterlassung der Rechtsverfolgung oder Rechtsverteidigung **allgemeinen Interessen** zuwiderlaufen würde. Ein allgemeines Interesse wird dann zu bejahen sein, wenn vom Ausgang des Rechtsstreits größere Teile der Bevölkerung angesprochen werden und sich soziale Auswirkungen anknüpfen können. Zudem müssen schließlich auch die objektiven Voraussetzungen des § 114 S 1 ZPO vorliegen.

3.3 Beteiligung an den Prozeßkosten

Wird PKH bewilligt, so hat sich die Partei grundsätzlich im Rahmen ihrer wirtschaftlichen Verhältnisse an den Kosten der Prozeßführung zu beteiligen. Das Gericht kann nach § 120 I ZPO bestimmen, daß **einmalige oder mehrere Teilzahlungen** an die Staatskasse zu leisten sind, S 3; § 115 ZPO ist aber unanwendbar. **24**

Ausländische jur. Personen sind von der PKH-Regelung gänzlich ausgeschlossen.

4 Der Antrag, § 117 ZPO

4.1 Allgemeines

Nach § 114 S 1 ZPO wird die PKH **nur auf Antrag** gewährt, die formellen Voraussetzungen dafür regelt § 117 ZPO. Der Antrag auf Bewilligung der PKH kann schriftlich eingereicht werden oder zu Protokoll der Geschäftsstelle des Prozeßgerichts oder eines anderen Amtsgerichts erklärt werden, §§ 117 I S 1, 129 a ZPO. Anwaltszwang besteht nicht, § 78 II ZPO. **25**

4.1.1 Zuständigkeit

Zuständig zur Entscheidung über den Antrag ist das **Prozeßgericht.** Wird die PKH für ein Rechtsmittelverfahren beantragt, so ist dies das **Rechtsmittelgericht.** Im Zwangsvollstreckungsverfahren ist das **Vollstreckungsgericht** zuständig. Zu beachten ist: Bei gleichzeitiger Einreichung von PKH-Gesuch und Klage ist darzutun, ob die Klage sofort oder erst nach Bewilligung der PKH erhoben werden soll, gegebenenfalls empfiehlt es sich, die Klageschrift als **„Entwurf"** zu deklarieren. **26**

4.2 Darstellung des Streitverhältnisses, Abs I S 2

Im Antrag muß die Partei das Streitverhältnis unter Angabe der Beweismittel darlegen. Diese Sachverhaltsschilderung bereitet die sachliche Prüfung im Verfahren nach § 118 ZPO vor und ist damit Grundlage für die Beurteilung, ob die **objektiven Bewilligungsvoraussetzungen** vorliegen. Als Beweismittel können nur die im Erkenntnisverfahren zulässigen be- **27** zeichnet werden, also Zeugen, Sachverständige, Urkunden, Augenschein und Parteivernehmung. Die eidesstattliche Versicherung kommt nur dann in Betracht, wenn sie auch in dem einzuleitenden Verfahren als Beweismittel zulässig ist.

4.3 Vermögensverhältnisse

28 Zur Beurteilung der **subjektiven Bewilligungsvoraussetzungen** muß die Partei nach Abs 2 ihre persönlichen und wirtschaftlichen Verhältnisse offenbaren und belegen. Aufgrund dieser Angaben verfügt das Gericht über die nach § 115 ZPO relevanten Fakten und kann schließlich entscheiden, ob und in welchem Umfange die Partei sich an den Prozeßkosten zu beteiligen hat.

4.4 Amtliche Vordrucke

29 Für die Antragstellung besteht nach Abs 3 und 4 **Formblattzwang.** Der PKH-Antragsteller muß die, durch VO vom 24.11.1980 (BGBl I, S 2185), eingeführten Vordrucke benutzen. Sie erleichtern ihm die Substantiierung seines Vorbringens.

5 Das Prüfungsverfahren, § 118 ZPO

5.1 Allgemeines, Anhörung

30 Der beim Prozeßgericht eingereichte Antrag löst zunächst ein **Prüfungsverfahren** aus. **Ziel** dieses Verfahrens: Das Vorliegen der objektiven und subjektiven Bewilligungsvoraussetzungen soll ermittelt werden. Die Vorschrift regelt nun wie dieses Prüfungsverfahren auszugestalten ist.

Abs 1 S 1 schreibt dazu zunächst vor, daß dem **Gegner** grundsätzlich **rechtliches Gehör** zu gewähren ist, nur in Ausnahmefällen kann davon abgesehen werden (z.B. bei eilbedürftigen Sachen). Über die Form der Anhörung ist nichts bestimmt, sie kann damit mündlich oder schriftlich oder aber auch zu Protokoll der Geschäftsstelle erfolgen.

Nach Abs 1 S 3 hat dabei die **mündliche Anhörung Ausnahmecharakter** und kann dann stattfinden, wenn „eine Einigung zu erwarten ist".

Der Gegner soll nun im Rahmen der Anhörung Gelegenheit erhalten Tatsachen, auf die er seine Rechtsverteidigung stützt, vorzubringen. Eine im Rahmen der Anhörung erzielte vergleichsweise Einigung der Parteien ist zu Protokoll zu nehmen, der Vergleich ist dann Vollstreckungstitel (§ 794 I Nr 1 ZPO); Anwaltszwang besteht für den Vergleichsabschluß nicht.

5.2 Die Feststellungen und Erhebungen im Prüfungsverfahren

31 Vom Verfahrensziel, das Vorliegen der Bewilligungsvoraussetzungen der §§ 114, 115 ZPO zu ermitteln, ist der **Erhebungsumfang** geprägt und

auch **begrenzt.** Das Prüfungsverfahren soll die beabsichtigte Rechtsverfolgung, bzw. Rechtsverteidigung nicht verzögern und es soll insbesondere nicht zum Vorprozeß „ausufern". Den Antragsteller trifft dabei eine erhöhte Mitwirkungs- und Aufklärungspflicht. Das Gericht kann von ihm die Glaubhaftmachung seiner tatsächlichen Angaben verlangen, Abs 2 S 1. Weitere Instrumentarien der gerichtlichen Aufklärung sind in Abs 2 S 2 und 3 bezeichnet; danach können: Akten beigezogen, die Vorlegung von Urkunden angeordnet und Auskünfte eingeholt werden. Die Vernehmung von Zeugen und Sachverständigen aber ist grundsätzlich unzulässig und ausnahmsweise nur dann statthaft, wenn auf andere Weise die **objektiven** Bewilligungsvoraussetzungen nicht zu klären sind. Um sich über die subjektiven Voraussetzungen „ausreichende Gewißheit" zu verschaffen, kann das Gericht schließlich noch Behördenauskünfte einholen, Abs 2 S 4.

5.3 Zuständigkeit

Die in Abs 1 und 2 bezeichneten Maßnahmen hat der Vorsitzende des Gerichts oder ein von ihm beauftragtes Mitglied durchzuführen. Nach § 20 Nr 4 a RpflG kann damit auch der Rechtspfleger beauftragt werden. **32**

5.4 Kosten des Prüfungsverfahrens

5.4.1 Gerichtskosten

Kostentragungs- und Erstattungsregeln enthalten Abs I S 4 und 5. Danach gilt folgendes: Das **Prüfungsverfahren** ist **gerichtsgebührenfrei,**§ 1 I GKG, **Auslagen** – die etwa durch die Vernehmung von Zeugen und Sachverständigen entstehen – sind von der Partei zu tragen, der die Kosten des Rechtsstreits auferlegt werden, §§ 91 ff ZPO, Nr 1904 KVGKG. Endet das Verfahren mit der Versagung der Hilfe, so haftet dafür letztlich der Antragsteller des Verfahrens, § 49 GKG. **33**

5.4.2 Außergerichtliche Kosten

Eine Erstattung der **außergerichtlichen Kosten** des Prüfungsverfahrens schränkt Abs I S 4 abschließend ein: Dem **Gegner** werden seine außergerichtlichen Kosten, auch beim Obsiegen im nachfolgenden Rechtsstreit, **nicht** erstattet. Der **PKH-Partei** allerdings gesteht die h.M. im Falle des späteren Obsiegens einen Erstattungsanspruch zu, die Kosten des Prüfungsverfahrens sind dann als **Vorbereitungskosten** zu qualifizieren und nach Maßgabe des § 91 I ZPO zu erstatten. **34**

6 Die Bewilligung, Rechtszug, § 119 ZPO

6.1 Begriff des Rechtszugs

Nach § 119 S 1 ZPO ist die Bewilligung der PKH auf den **„Rechtszug"** beschränkt. Das bedeutet: Immer dann, wenn ein neuer Rechtszug **35** beginnt, ist auch die Hilfe erneut zu beantragen. Der ursprüngliche Bewilligungsbeschluß entfaltet also nicht etwa automatisch für spätere „Etappen" des Verfahrens seine Wirkungen. Der vom Gesetzgeber gebrauchte Begriff des **„Rechtszuges"** ist im **kostenrechtlichen Sinne** zu verstehen und identisch mit dem Begriff der **„Instanz"** in § 27 GKG.

6.1.1 Die gleiche Instanz (Rechtszug)

36 Teil der **gleichen** kostenrechtlichen Instanz sind z.B. folgende Verfahren:
- das Verfahren nach Verweisung, §§ 281, 506 ZPO, §§ 48, 48 a ArbGG, §§ 96 ff GVG
- das Verfahren nach Einspruch gegen ein Versäumnisurteil, § 338 ZPO
- das Kostenfestsetzungsverfahren, §§ 103, 104 ZPO
- alle Verfahrensabschnitte einer Stufenklage
- die Nachverfahren im Urkunden-, Wechsel- oder Scheckprozeß, bzw. im Anschluß an ein Grund- oder Vorbehaltsurteil
- das Verfahren nach Anfechtung eines Prozeßvergleichs

Diese Verfahrensbereiche werden von der ursprünglichen PKH-Bewilligung umfaßt, die Hilfe muß also **nicht neu** beantragt werden. Beim **Scheidungsverbund** gilt folgendes:

37 Die PKH-Bewilligung für die Scheidungssache erstreckt sich auch auf alle im Zeitpunkt der Bewilligung **anhängigen** oder zumindest **angekündigten** und insbesondere auch auf die **von Amts wegen** zu betreibenden **Folgesachen,** §§ 624 II, 623 III ZPO. Bei der Beiordnung eines Rechtsanwalts ist darüberhinaus § 122 III 1 BRAGO zu beachten: Die Anwaltsbeiordnung im Scheidungsverfahren wird **kraft Gesetzes** auch auf den Abschluß eines (Scheidungs-) Vergleichs, der die dort bezeichneten Gegenstände umfaßt, erstreckt. Unbeachtlich ist dabei, ob diese Vergleichsgegenstände auch als Folgesachen anhängig waren.

6.1.2 Nicht die gleiche Instanz (Rechtszug)

38 **Nicht** zur gleichen Instanz gehören:
- das Verfahren auf Erlaß eines Arrestes oder einer einstweiligen Verfügung und einer einstweiligen Anordnung
- das Beschwerde- oder Erinnerungsverfahren
- das Mahnverfahren
- das Zwangsvollstreckungsverfahren (Hinweis: Hier ist jede einzelne Vollstreckungsmaßnahme eine eigene Instanz.)
- die Nichtigkeits- und Restitutionsklage.

Die Folge ist:

Für jedes dieser selbständigen Verfahren muß die PKH **eigenständig beantragt** und bewilligt werden.

6.1.3 Der Verfahrensgegenstand

39 Die ursprüngliche Bewilligung beschränkt ihre Wirkungen aber nicht nur auf die gleiche Instanz sondern überdies alleine auf den **ursprünglich**

erhobenen **prozessualen Anspruch.** Folglich werden **Klageerweiterungen** und **Widerklagen nicht** erfaßt, die Hilfe muß vielmehr gesondert beantragt und bewilligt werden. Das gilt insbesondere auch bei der **Einbeziehung nichtrechtshängiger Gegenstände** in einen Prozeßvergleich.

6.2 Zeitliche Geltung der PKH

6.2.1 Beginn

Die Entscheidung über den PKH-Antrag erfolgt durch **Beschluß,** eine **40**
Bewilligung durch schlüssiges Verhalten scheidet aus. Der Bewilligungsbeschluß ist, wenn er nicht verkündet wird, den Parteien **formlos** mitzuteilen, §§ 329 II, 127 II 1 ZPO. An diese Bekanntgabe ist das **Wirksamwerden** der Hilfe geknüpft, ab diesem Zeitpunkt entfaltet die Bewilligung also Wirkung. Das Gericht kann aber die Bewilligung schon auf den Zeitpunkt des **Antragseingangs rückwirken** lassen; auch **nach Abschluß** der Instanz ist dies noch zulässig, wenn nur der Antrag davor **ordnungsgemäß** eingereicht war.

6.2.2 Beendigung

Die PKH endet mit dem Tod der Partei, dem Abschluß des Verfahrens **41**
und schließlich mit der Aufhebung nach § 124 ZPO.

6.3 Erleichterungen in der höheren Instanz

In einem höheren Rechtszug (Instanz) erleichtert S 2 die Bewilligung **42**
der PKH: Das Vorliegen der objektiven Voraussetzungen (= hinreichende Erfolgsaussicht der Rechtsverfolgung oder Rechtsverteidigung) entfällt nämlich grundsätzlich dann, wenn der **Gegner Rechtsmittelführer** ist. Grund der Durchbrechung des Grundsatzes des S 1: Die PKH-Partei hat jetzt bereits in erster Instanz obsiegt, eine erneute Erfolgsprüfung ist daher entbehrlich. Nicht erlassen ist dem Rechtsmittelgericht aber die Prüfung der subjektiven Voraussetzungen (= Hilfsbedürftigkeit). Von der PKH-Partei ist daher **erneut** ein formgerechter Antrag nach § 117 ZPO zu stellen. Zu beachten ist dabei: Das Rechtsmittelgericht ist in der Beurteilung der wirtschaftlichen Verhältnisse durch das Erstgericht **nicht** gebunden. Es ist also zulässig, daß die höhere Instanz die Monatsrate abweichend von der Vorinstanz festsetzt.

7 Festsetzung der Raten; Zahlungseinstellung, § 120 ZPO

7.1 Inhalt des Bewilligungsbeschlusses

Hat die Partei aufgrund ihrer wirtschaftlichen Verhältnisse einen Bei- **43**
trag zu den Prozeßkosten zu leisten, dann ist dies im Bewilligungsbeschluß zum Ausdruck zu bringen, Abs 1. Sind Raten zu zahlen, so ist die

Höhe der Monatsrate entsprechend der Tabelle festzusetzen, hat die Partei einen oder mehrere Beträge aus ihrem Vermögen einzusetzen, so ist die **Höhe und Anzahl der Beträge** anzugeben. Sind keine Zahlungen zu erbringen, so genügt die Formulierung, daß PKH bewilligt wird.

7.1.1 Beginn der Zahlungsverpflichtung

44 Dem allgemeinen Rechtsgrundsatz des § 271 BGB folgend, setzt die Zahlungsverpflichtung **sofort** ein, wenn nicht das Gericht den Termin im Beschluß selbst anderweitig bestimmt.

7.2 Zahlungsempfänger

45 Die Zahlungen sind an die jeweilige **Landeskasse** zu leisten, Abs 2. Bei Zahlungsrückstand können Zwangsmaßnahmen nach § 1 Nr 4 a der JBeitrO ergriffen werden.

7.3 Einstellung der Zahlungen

46 Abs 3 will sicherstellen, daß keine **übermäßige** Beanspruchung der PKH-Partei stattfindet. Danach soll das Gericht die Zahlungen dann nämlich vorläufig einstellen, wenn bereits abzusehen ist, daß die geleisteten Zahlungen die Kosten **decken,** Abs 3 Nr 1. Zu diesem Zwecke ist ein permanenter Vergleich zwischen den tatsächlich gezahlten Beträgen und den voraussichtlich anfallenden Gerichtskosten erforderlich. Die Kostendeckung ist aber nach der h. M. **erst** dann gegeben, wenn neben den Gerichtskosten auch die – nicht verminderten – Kosten des beigeordneten Rechtsanwalts durch die Zahlung erreicht sind (arg. aus § 124 I 1 BRAGO).

Ferner sind die Zahlungen auch dann einzustellen, wenn die Partei, der beigeordnete Rechtsanwalt oder die Staatskasse einen **anderen am Verfahren Beteiligten,** insbesondere den Prozeßgegner, für die Kosten **haftbar** machen können, Abs 3 Nr 2.

Zu beachten ist, daß die Einstellung aber immer nur **vorläufig** erfolgt. Ergibt sich also später, daß noch eine restliche Zahlungspflicht der PKH-Partei besteht, so kann die **Wiederaufnahme** der Zahlungen angeordnet werden.

8 Beiordnung eines Rechtsanwalts, § 121 ZPO

8.1 Wirkungen und Umfang der Beiordnung

Der gerichtliche Beiordnungsbeschluß **begründet** für den Rechtsanwalt
47 einen **Vergütungsanspruch** gegen die **Staatskasse,** §§ 121 ff BRAGO, er ersetzt jedoch nicht das Vollmachts- und Auftragsverhältnis nach §§ 164, 675 BGB, §§ 81 ff ZPO. Der Umfang der Beiordnung und damit die Höhe des Anspruchs richtet sich grundsätzlich nach den Beschlüssen des Prozeßgerichts, § 122 I BRAGO. Ergänzend mißt § 122 II, III BRAGO der

Beiordnung einen **gesetzlichen Rahmen** bei und begründet damit insoweit ebenfalls Vergütungsansprüche des Rechtsanwalts gegen die Staatskasse.

8.2 Anwaltsprozeß und Wahlanwalt

Ist eine **Vertretung durch Rechtsanwälte vorgeschrieben,** so **hat** das Prozeßgericht der PKH-Partei einen zur Vertretung bereiten Anwalt beizuordnen, Abs 1. Die Verfahren mit **Anwaltszwang** regelt § 78 ZPO. Die Partei kann grundsätzlich den Anwalt ihres Vertrauens frei wählen. Bei rückwirkender Bewilligung der PKH kann auch der Beiordnung des Rechtsanwalts rückwirkende Kraft beigelegt werden. Diese **Rückwirkung** ist für den Rechtsanwalt wichtig, denn ein Vergütungsanspruch gegen die Staatskasse besteht sonst für frühere, also vor der Beiordnung liegende, gebührenrechtlich relevante Tätigkeiten nicht. **48**

8.3 Parteiprozeß

Ist eine **Vertretung durch Rechtsanwälte nicht geboten,** so ist eine Beiordnung nur unter den eingeschränkten Voraussetzungen des Abs 2 möglich. Alternativ ist danach auf Antrag auch im Parteiprozeß ein Rechtsanwalt beizuordnen, wenn die anwaltliche Vertretung der Partei erforderlich erscheint oder der Gegner durch einen Rechtsanwalt vertreten ist. Zweck dieser Regelung: Auch in Verfahren ohne Anwaltszwang soll die PKH-Partei dann, wenn dies sachlich geboten ist, nicht schutzlos bleiben. **49**

8.3.1 Sachlich erforderliche Beiordnung

Die Erforderlichkeit der Beiordnung eines Rechtsanwalts nach Abs 2 ist im Einzelfall aus der Summe verschiedener Aspekte zu beurteilen: So werden die persönlichen Verhältnisse der Partei, ihre Geschäftsgewandtheit sowie der Umfang und Schwierigkeitsgrad des Rechtsstreits die wesentlichen Kriterien für die gerichtliche Entscheidung sein. Im Regelfall wird die Beiordnung eines Anwalts erfolgen. **50**

8.3.2 „Waffengleichheit'

Dem Antrag der PKH-Partei ist auch dann zu entsprechen und ein Rechtsanwalt beizuordnen, wenn der Gegner anwaltlich vertreten ist, Abs 2 S 1 Alt 2. Die **„Waffengleichheit“** durch eine Anwaltsbeiordnung ist auch dann herzustellen, wenn sich erst im Lauf des Rechtsstreits diese Situation ergibt. **51**

Zu beachten ist: Die Beiordnung **hat** beim Vorliegen der Voraussetzungen des Abs 2 S 1 zu erfolgen, das Gericht verfügt dann über keinen Ermessensspielraum.

8.4 Beiordnung außerhalb des Prozeßgerichts

52 Auf Antrag kann der PKH-Partei ein Rechtsanwalt in der Funktion eines **Beweisanwalts** (§ 54 BRAGO) oder eines **Verkehrsanwalts** (§ 52 BRAGO) beigeordnet werden. Dabei ist nicht zwischen Anwalts- und Parteiprozeß zu differenzieren. Voraussetzung ist aber: **Besondere Umstände des Einzelfalls** müssen die Beiordnung erfordern. Das Gericht hat nach pflichtgemäßem Ermessen zu entscheiden. Richtschnur wird hier sein: Die Partei soll in die Lage versetzt werden, eine sachgerechte Rechtsverfolgung oder Rechtsverteidigung zu betreiben.

8.4.1 Beweisanwalt

53 Das Vorliegen besonderer Umstände, die eine Anwaltsbeiordnung für einen Beweistermin vor dem ersuchten Richter rechtfertigen, wird in der Regel am Umfang und Schwierigkeitsgrad der Materie auszurichten sein. Auch kann die Beiordnung bei weit entferntem Beweisgericht kostengünstiger und damit schon wirtschaftlich geboten sein.

8.4.2 Verkehrsanwalt

54 Besondere Umstände zur Beiordnung eines Verkehrsanwalts können gegeben sein, wenn die Partei aufgrund ihrer persönlichen Verhältnisse nicht in der Lage ist, ihren Prozeßbevollmächtigten sachgemäß zu informieren. Hilfreich für die gerichtliche Entscheidung kann hier die Erstattungsregel des § 91 I 1 ZPO sein: Danach sind Verkehrsanwaltskosten vom unterlegenen Gegner nur dann zu erstatten, wenn die Zuziehung zur zweckentsprechenden Rechtsverfolgung bzw. Rechtsverteidigung notwendig war.

8.5 PKH-„Notanwalt"

55 Grundsätzlich kann die PKH-Partei den Anwalt **frei wählen.** Für den gewählten Rechtsanwalt wird aber durch den Beiordnungsbeschluß kein Kontrahierungszwang begründet, er kann im Rahmen seines Standesrechts die Mandierung durchaus ablehnen. Findet nun die Partei keinen zur Übernahme des Mandats bereiten Anwalt, so ordnet ihr auf Antrag der Vorsitzende des Gerichts einen Anwalt bei, Abs 4. (Diese Regelung ist dem § 78 b ZPO – „Notanwalt" – entnommen und auf das PKH-Bewilligungsverfahren übertragen worden.) Diese („Not"-)Beiordnung begründet für den Rechtsanwalt eine **öffentlich-rechtliche Pflicht** zur Mandatsübernahme, § 48 I Nr 1 BRAO, ersetzt aber weder Prozeßvollmacht (§§ 81 ff ZPO) noch Vertragsverhältnis (§ 675 BGB).

9 Wirkung der Prozeßkostenhilfe, § 122 ZPO

9.1 Persönliche Wirkung

Die Wirkungen der PKH-Bewilligung treten **kraft Gesetzes** ein und können nicht eingeschränkt oder erweitert werden. Sie sind **allein** auf die hilfebedürftige Partei beschränkt. Rechtsnachfolger, Streitgenossen oder Dritte am Rechtsstreit (z.B. Nebenintervenienten) müssen, um die PKH-Vergünstigungen zu erlangen, die Hilfe selbständig beantragen. Lediglich der Gegner wird nach Maßgabe des Abs 2 kostenrechtlich privilegiert. **56**

9.2 Wirkungen für den PKH-Antragsteller

Die Bewilligung bewirkt, daß Ansprüche der Staatskasse gegen die hilfebedürftige Partei wegen der rückständigen und zukünftigen Gerichtskosten und Gerichtsvollzieherkosten sowie wegen der auf sie übergegangenen Ansprüche der beigeordneten Rechtsanwälte **nur** nach den Modalitäten, die das Gericht **im Bewilligungsbeschluß** trifft, **geltend gemacht** werden dürfen, Abs 1 Nr 1 a und b. **57**

9.2.1 Gerichtskosten und Gerichtsvollzieherkosten

Ab dem Wirkungszeitpunkt der Bewilligung ist der Kostenansatz der Staatskasse den Maßgaben des Bewilligungsbeschlusses unterworfen. Betroffen sind davon alle Gerichtskosten (Gebühren und Auslagen) und Gerichtsvollzieherkosten (Gebühren und Auslagen) der **Instanz.** Von den PKH-Wirkungen wird sowohl die Einziehung der bereits rückständigen, als auch die Behandlung der später entstehenden Kosten erfaßt. **58**

Entscheidende Bedeutung kommt dabei dem exakten Zeitpunkt des Wirksamwerdens des Bewilligungsbeschlusses zu. Nach der in der Literatur wohl überwiegend vertretenen Meinung wird dieser **Zeitpunkt,** wenn im gerichtlichen Beschluß nichts anderes bestimmt ist, auf den Zeitpunkt der **Antragstellung** fixiert. Waren bereits **vor** der PKH-Bewilligung Gerichtskosten angesetzt und der Gerichtskasse mit Kostenrechnung zur Einziehung überwiesen worden, so hat der Kostenbeamte, soweit noch **keine** Zahlungen erfolgten, die Löschung der Sollstellung anzuordnen, § 9 II KostVfg. Für die Sachbehandlung bereits bezahlter Kosten gilt: Sind die Kosten **nach** dem Zeitpunkt bezahlt worden, ab dem die Bewilligung **wirkt,** so ist die Rückzahlung anzuordnen. Bereits **vor** diesem Zeitpunkt vorgenommene Zahlungen hingegen werden nicht von den PKH-Wirkungen erfaßt und nicht mehr zurückgezahlt.

9.2.2 Übergegangene Ansprüche der beigeordneten Rechtsanwälte

Mit der gerichtlichen Beiordnung wird für den Rechtsanwalt ein Vergütungsanspruch gegen die Staatskasse begründet. Die Vergütung wird auf Antrag festgesetzt und ausbezahlt, §§ 121, 128 BRAGO. Mit der Befriedigung dieses Anspruchs geht – als Äquivalent – der Anspruch des Anwalts **59** gegen die PKH-Partei kraft Gesetzes auf die Staatskasse über, § 130 I BRAGO. Die Staatskasse darf den Anspruch aber **nur nach Maßgabe** der gerichtlichen Bestimmungen im **Bewilligungsbeschluß** gegen die PKH-Partei **geltend machen,** Abs 1 Nr 1 b.

9.2.3 Bestimmung durch das Gericht

60 Den Rahmen, in dem die Staatskasse ihre Ansprüche auf Zahlung von Gerichtskosten und Gerichtsvollzieherkosten sowie auf Zahlung der nach § 130 I BRAGO übergegangenen Ansprüche gegen die PKH-Partei realisieren kann, steckt der **gerichtliche Bewilligungsbeschluß** ab: Hat das Gericht PKH ohne Zahlungsverpflichtungen (Raten und/oder Beträge aus dem Vermögen) bewilligt, stehen der Staatskasse keinerlei Ansprüche gegen die hilfebedürftige Partei zu. Wurde die PKH-Bewilligung hingegen mit Zahlungsverpflichtungen verbunden, so können die Zahlungen zur Deckung der Ansprüche herangezogen werden. Zu beachten ist aber immer: Nach der Zahlung von insgesamt **48 Monatsraten** besteht für die Partei keine Verpflichtung mehr.

9.3 Befreiung nach § 122 I Nr 2 ZPO

61 Eine weitere Vergünstigung für die Partei besteht in der Befreiung zur **Sicherheitsleistung für die Prozeßkosten,** diese bezieht sich damit auf die Verpflichtungen nach §§ 110 ff ZPO.

9.4 Vergütungsansprüche der beigeordneten Rechtsanwälte

62 Von den Wirkungen der Bewilligung wird schließlich auch der Vergütungsanspruch des der PKH-Partei beigeordneten Rechtsanwalts erfaßt. Abs 1 Nr 3 bestimmt nämlich: Die beigeordneten Rechtsanwälte können Ansprüche auf Vergütung gegen die Partei **nicht** geltend machen. Im Gegensatz zum früheren Armenrecht ist diese Befreiung für die hilfebedürftige Partei **endgültig,** eine Nachzahlungspflicht, wie sie nach § 125 ZPO a.F. möglich war, besteht nicht mehr. Der beigeordnete Rechtsanwalt erhält die Gebühren und Auslagen eines **frei mandatierten Anwalts** aus der **Staatskasse.** Aber: An die Stelle der Tabelle zu § 11 BRAGO tritt die **Tabelle zu § 123 BRAGO** und dort ist eine Absenkung der Gebühren des PKH-Anwalts ab einem Streitwert von über 50 000,– DM vorgesehen. In diesen Fällen ist dann ein Gebührenausfall für den Anwalt nicht zu vermeiden, es sei denn, die Staatskasse hat Mehreinnahmen erzielt oder ein ersatzpflichtiger Prozeßgegner kann in Anspruch genommen werden (vgl. § 124 BRAGO, §§ 91, 126 ZPO).

9.5 Wirkungen für den Prozeßgegner

63 Auch der „reiche“ Prozeßgegner kann durch die PKH-Bewilligung begünstigt werden, Abs 2. Dabei sind – mit unterschiedlichen Ergebnissen – zwei Fallgestaltungen zu unterscheiden:

9.5.1 Fallgestaltung 1 (PKH-Bewilligung für den Beklagten)

Ist der **beklagten Partei** PKH bewilligt, so hat dieser Umstand für den Kläger (=Gegner) keinerlei Auswirkungen. Die Haftung der Klägers für Gerichtskosten, in seiner Rolle als Antragsteller der Instanz, nach § 49 S 1 GKG sowie insbesondere auch die Vorschußpflichten, nach §§ 65, 68 GKG werden davon nicht tangiert. **64**

9.5.2 Fallgestaltung 2 (PKH-Bewilligung für den Kläger)

Ist die **Klagepartei** hilfebedürftig, so ist zu differenzieren: **65**

- Sind im Bewilligungsbeschluß **Zahlungen** des Klägers an die Staatskasse **festgesetzt,** so wird der „reiche" Beklagte nicht privilegiert. Er soll dann nicht besser gestellt werden als der zahlende Kläger und kann daher uneingeschränkt in Anspruch genommen werden.
- Ist aber nach dem Bewilligungsbeschluß die PKH für den Kläger **nicht mit Zahlungsverpflichtungen** gekoppelt, dann hat dies auch für den Beklagten die einstweilige Befreiung von den in Abs 1 Nr 1 bezeichneten Kosten zur Folge.
  (Abs 2 gewährt die Vergünstigung dem Beklagten allerdings dann nicht, wenn er sich selber in die „Angreiferrolle", etwa in die des Widerklägers, begibt.)

Die Befreiung kann für den Beklagten im Hinblick auf die **Vorschußpflichten** (vgl. z.B. §§ 65, 68 GKG) eine angenehme praktische Bedeutung erlangen und sie „wächst" dann zur endgültigen an, wenn der Kläger rechtskräftig mit seiner Klage oder seinem Rechtsmittel abgewiesen wird, § 125 II ZPO. **66**

10 Kostenerstattung, § 123 ZPO

10.1 Kostenerstattungspflicht; Grundsatz

Während § 122 I Nr 1 a, b ZPO das Verhältnis der PKH-Partei zur Staatskasse betrifft, regelt § 123 ZPO ihr Verhältnis zum **Prozeßgegner.** Danach gilt als Grundsatz: Die Bewilligung der Prozeßkostenhilfe hat auf die Verpflichtung, die dem Gegner entstandenen Kosten zu erstatten, **keinen** Einfluß. Die PKH-Bewilligung ist für die hilfebedürftige Partei daher mit einem „Wermutstropfen" belastet: Im Falle des **gegnerischen Obsiegens** im Rechtsstreit ist sie dessen Kostenerstattungsansprüchen **uneingeschränkt** ausgesetzt. Die PKH-Partei hat somit diese nur relative Wirkung der Bewilligung und das damit verbundene Kostenrisiko vor Prozeßbeginn unbedingt einzukalkulieren und abzuwägen. Der obsiegende Gegner kann sich seine notwendigen Kosten dann im Verfahren nach §§ 103 ff ZPO festsetzen lassen und notfalls aus einem Kostenfestsetzungsbeschluß die Zwangsvollstreckung betreiben, § 794 I Nr 2 ZPO. **67**

10.2 Umfang der Kostenerstattung

68 Den Umfang der Kostenerstattungspflicht regelt § 91 ZPO mit der Folge: Die im Prozeß unterlegene Partei hat der obsiegenden Partei die Kosten des Rechtsstreits zu erstatten, soweit diese zur zweckentsprechenden Rechtsverfolgung oder Rechtsverteidigung notwendig waren.

10.2.1 Rechtsanwaltskosten; Parteikosten

69 Die PKH-Partei hat dem Gegner insbesondere die diesem entstandenen **Rechtsanwaltskosten** und daneben – nach Maßgabe des § 91 I 2 ZPO – auch die **Parteikosten,** also Kosten die der Gegner selbst zur Prozeßführung aufbringen mußte, zu erstatten (z. B. Reisekosten des Gegners für die Terminwahrnehmung).

10.2.2 Gerichtskosten

70 Die Erstattungspflicht umfaßt ferner die vom Gegner bereits verauslagten **Gerichtskosten.** Der praktische Umfang der Erstattungspflicht wird hier besonders von der Parteirolle der PKH-Partei beeinflußt sein, denn

- ist sie **Kläger** und sind ihr keine Zahlungen aufgegeben, dann genießt der Gegner die Vergünstigung des § 122 II ZPO mit der Folge, daß von ihm keine Gerichtskosten zu erheben waren und auch nicht zu erheben sind, § 125 II ZPO.
- ist die PKH-Partei aber **Beklagter,** der Gegner als Kläger im Rechtsstreit, so ist dieser als Antragsteller der Instanz nach §§ 49, 58 II 1 GKG als **Zweitschuldner** zahlungspflichtig. Obsiegt der Gegner nun im Rechtsstreit, so könnte er grundsätzlich über §§ 91, 123 ZPO auf die PKH-Partei gerade auch wegen der von ihm als Zweitschuldner gezahlten Gerichtskosten Zugriff nehmen und damit die Schutzwirkung des § 122 I Nr 1 a ZPO relativieren und „untergraben". Die hierdurch für die PKH-Partei verbundene Gefahr, über §§ 91, 123 ZPO vom obsiegenden Gegner doch zur Zahlung von Gerichtskosten herangezogen zu werden, mildert jedoch **§ 58 II 2 GKG** erheblich ab, denn: die Staatskasse soll die **Zweitschuldnerhaftung** des obsiegenden Gegners dann **nicht geltend machen,** wenn der PKH-Partei die Kosten des Rechtsstreits **auferlegt** worden sind, diese also dann nach § 54 Nr 1 GKG vorrangiger Kostenschuldner geworden ist. Die Gefahr einer Erstattungspflicht wird aber nicht gänzlich beseitigt, denn die h. M. läßt die befreiende Wirkung des § 58 II 2 GKG nur auf die vom Gegner **noch nicht bezahlten Gerichtskosten** zu (arg. Wortlaut des § 58 II 2 GKG: „... nicht geltend gemacht werden"). Dies bedeutet: Vom Gegner **bereits bezahlte** Vorschüsse auf Gerichtskosten werden von der Staatskasse nicht mehr zurückerstattet, der Gegner muß sich diese dann vielmehr von der hilfebedürftigen Partei „holen".

11 Aufhebung der PKH-Bewilligung, § 124 ZPO

11.1 Bestandsschutz

Grundsätzlich kann die Partei auf den Bestand der Wirkungen der PKH-Bewilligung vertrauen. Nur beim Vorliegen der in § 124 ZPO abschließend aufgeführten Aufhebungsgründe kann die Bewilligung aufgehoben werden. Die Entscheidung ist in das **Ermessen** des Gerichts gestellt und ergeht durch Beschluß. 71

11.2 Die Aufhebungsgründe

11.2.1 Aufhebung nach § 124 Nr 1 ZPO

Die Bewilligung kann aufgehoben werden, wenn die Partei durch **unrichtige Darstellung des Streitverhältnisses** die für die Bewilligung der Prozeßkostenhilfe maßgebenden Voraussetzungen vorgetäuscht hat. Der Aufhebungstatbestand bezieht sich somit auf die Angaben der Partei nach § 117 I 2 ZPO zu den **sachlichen (objektiven) Bewilligungsvoraussetzungen.** 72

Tatbestandsvoraussetzung ist in objektiver Hinsicht: Die Partei muß Tatsachen verdreht oder rechtshindernde, bzw. rechtsvernichtende Einwendungen und rechtshemmende Einreden, die ihrem Anspruchsbegehren entgegenstanden, verschwiegen oder aber, unbrauchbare Beweismittel bezeichnet haben. In subjektiver Hinsicht erfordert der Tatbestand, daß die Partei das Gericht vorsätzlich getäuscht hat.

11.2.2 Die Aufhebung nach § 124 Nr 2 ZPO

Eine Aufhebung der Bewilligung kann auch dann vorgenommen werden, wenn die Partei absichtlich oder aus grober Nachlässigkeit **unrichtige Angaben über die persönlichen oder wirtschaftlichen Verhältnisse** gemacht und dadurch schuldhaft die **subjektiven Bewilligungsvoraussetzungen** falsch dargestellt hat. Dieser Aufhebungstatbestand knüpft an die Darlegungspflicht der Partei nach §§ 117 II, 118 II 1 ZPO an. 73

In subjektiver Hinsicht ist erforderlich: Die Partei muß „absichtlich oder aus grober Nachlässigkeit" falsche Angaben gemacht haben. Absichtlich handelt die Partei dann, wenn sie durch die falschen Angaben die PKH-Bewilligung gerade anstrebt, dies also Handlungsmotiv war. Die „grobe Nachlässigkeit" wird an den Kriterien der groben Fahrlässigkeit zu messen sein.

11.2.3 Die Aufhebung nach § 124 Nr 3 ZPO

Das Gericht kann die bewilligte Hilfe auch dann aufheben, wenn das Vorliegen der persönlichen und wirtschaftlichen Voraussetzungen **irrig angenommen** wurde. Dieser Aufhebungstatbestand setzt im Gegensatz zu dem in Nr 2 **kein Verschulden der Partei** voraus, seine Merkmale können 74 aber andererseits gerade auch dann erfüllt sein, wenn die Partei den Irrtum des Gerichts über das Vorliegen der Voraussetzungen leicht fahrlässig erregt hat (arg. aus Nr 2). Zu beachten ist: Die fehlerhafte Annahme des Gerichts **muß** die **persönlichen oder wirtschaftlichen Verhältnisse** betroffen haben, denn bei einem Irrtum über den Sach- und Streitstand ist eine Aufhebung nicht zulässig. Liegen die Voraussetzungen für eine Aufhebung nach Nr 3 zwar vor, so ist sie aber doch **ausgeschlossen,** wenn seit der rechtskräftigen Entscheidung oder sonstigen Beendigung des Verfahrens – z. B. durch Vergleich – **vier Jahre vergangen** sind, Nr 3 HS 2. (Diese Regelung wurde in Anlehnung an § 10 GKG getroffen.)

11.2.4 Die Aufhebung nach § 124 Nr 4 ZPO

75 Die bewilligte Hilfe kann schließlich auch dann aufgehoben werden, wenn die Partei **länger als drei Monate mit der Zahlung** einer Monatsrate oder mit der Zahlung eines sonstigen Betrages **im Rückstand** ist. Der Rückstand im Sinne des Tatbestands ist wohl verschuldensunabhängig zu beurteilen (anders: „Verzug" nach § 285 BGB). Aber: Ist die Partei ohne jedes Verschulden, etwa aufgrund einer erheblichen Verschlechterung ihrer wirtschaftlichen Verhältnisse, in Zahlungsrückstand geraten, so wird dieser Umstand im Rahmen des gerichtlichen Ermessens bei der Entscheidung von maßgeblicher Bedeutung sein.

Hinweis:

76 Ob eine Veränderung der persönlichen und wirtschaftlichen Verhältnisse der Partei zu einer Korrektur der ursprünglichen gerichtlichen Bewilligungsentscheidung führen kann – z. B. durch Absenkung oder Anhebung der Monatsraten – ist umstritten. **Bessern** sich die Vermögensverhältnisse der Partei später, so wird eine Aufhebung oder Modifizierung der Bewilligungsentscheidung zum Nachteil der Partei überwiegend abgelehnt. Begründet wird dies damit: Der Gesetzgeber hat ganz bewußt eine entsprechende Regelung unterlassen, er wollte nämlich den mit einer permanenten Überprüfung verbundenen Aufwand vermeiden.

Eine Abänderung der Bewilligungsentscheidung zu Gunsten der PKH-Partei, weil sich ihre persönlichen und wirtschaftlichen Verhältnisse **verschlechtert** haben, wird hingegen allgemein für zulässig erachtet.

11.3 Wirkung der Aufhebung

77 Mit der Aufhebung der Bewilligung entfallen **sämtliche** Wirkungen des § 122 ZPO. Dies hat zur Folge, daß die Staatskasse jetzt alle Gerichts- und Gerichtsvollzieherkosten sowie die auf sie übergegangenen Ansprüche der beigeordneten Rechtsanwälte gegen die Partei gänzlich unbeschränkt geltend machen kann. Auch der beigeordnete Anwalt kann nun Vergütungsansprüche gegen die Partei erheben und diese im Verfahren nach § 19 BRAGO festsetzen lassen. Für den Gegner entfällt die Vergünstigung nach § 122 II ZPO, er ist wieder uneingeschränkt vorschußpflichtig.

12 Beitreibung der Gerichtskosten vom Gegner, § 125 ZPO

Die Gerichtskosten und Gerichtsvollzieherkosten können vom **Gegner** der hilfebedürftigen Partei erst eingezogen werden, wenn er **rechtskräftig** in die Prozeßkosten verurteilt wurde, also letztlich unterlegen ist. Entsprechend der Parteirolle des Gegners im Rechtstreit ist bei der Anwendung der Vorschrift zu differenzieren: 78

- Abs 1 regelt die Einziehung der Kosten vom Gegner, von deren Zahlung die **PKH-Partei** befreit ist (= Fall des § 122 I 1 a ZPO)
- Abs 2 betrifft die Kosten, von deren Zahlung der **Gegner selbst** einstweilen befreit ist (= Fall des § 122 II ZPO)

Die Vorschrift regelt also das **Verhältnis zwischen Staatskasse und Prozeßgegner** und dabei ist immer zu beachten: Der Gegner darf erst dann in Anspruch genommen werden, wenn die gerichtliche Kostenentscheidung **rechtskräftig** geworden ist.

Hinweis:
Der Einfluß dieser Bestimmung auf die Gerichtskostenbehandlung wird anhand von Fallgestaltungen in **Teil V** noch ausführlich dargestellt.

13 Beitreibung der Rechtsanwaltskosten, § 126 ZPO

13.1 Systematik

Die Vorschrift betrifft die vom **unterlegenen Gegner** an die PKH-Partei zu **erstattenden** Kosten und knüpft damit unmittelbar an die Kostenerstattungsregelung nach § 91 ZPO an. 79

13.2 Eigenes Beitreibungsrecht

Nach Abs 1 sind die für die Parteien bestellten Rechtsanwälte berechtigt, ihre **Wahlanwaltsvergütung** von dem in die Prozeßkosten verurteilten Gegner im **eigenen Namen** beizutreiben. Dadurch ist der beigeordnete Rechtsanwalt mit den Befugnissen eines Überweisungsgläubigers nach § 835 ZPO ausgestattet. 80

13.2.1 Nachträgliche Geltendmachung des Beitreibungsrechts

Wurde zunächst der Erstattungsbetrag zugunsten der Partei, also auf deren Namen festgesetzt, so kann der Anwalt sein eigenes Beitreibungsrecht auch noch **nachträglich** geltend machen; erforderlich ist dann ein weiterer (zweiter) Kostenfestsetzungsbeschluß. Die gerichtliche Praxis erledigt diesen neuen Antrag in der Regel aber durch eine sog. „Umschreibung" des ersten Beschlusses auf den Namen des beigeordneten Anwalts. Richtig ist wohl eine **Neufestsetzung** auf den Namen des Anwalts **und Rückgabe** des ersten Beschlusses an das Gericht. Dem späteren Festsetzungsbeschluß, der das Beitreibungsrecht des Anwalts ausführt, kommt allerdings keine 81 rückwirkende Kraft zu, so daß zwischenzeitliche Verfügungen der PKH-Partei über den Anspruch – z.B. durch Abtretung, Erfüllung oder Verpfändung – wirksam sind und damit auch zu Lasten des Rechtsanwalts wirken.

13.3 Einreden und Einwendungen des Gegners, Abs 2

82 Als Folge der Verstrickung des Erstattungsanspruchs nach Abs 1 schränkt Abs 2 S 1 die Zulässigkeit von Einwendungen, die der Gegner dem Erstattungsanspruch entgegensetzen kann, entscheidend ein. Der Gegner ist nämlich mit allen Einwendungen aus der Person der Partei ausgeschlossen, alleine die Aufrechnung mit Kosten, die nach einer in **demselben** Rechtsstreit ergangenen Kostenentscheidung von der PKH-Partei zu erstatten sind, ist zulässig, Abs 2 S 2.

Das bedeutet: Während der **andauernden** Verstrickung, die mit der Rechtskraft der Kostenentscheidung beginnt und erst dann endet, wenn dem Gegner ein Kostenfestsetzungsbeschluß auf den Namen der Partei zugestellt wird, kann der Erstattungsanspruch nicht zu Lasten des Rechtsanwalts beeinträchtigt werden. Also: Alle aus der Rechtsbeziehung zwischen Gegner und PKH-Partei entstandenen Einwendungen und Einreden (z.B. Erfüllung, Stundung, Erlaß, Aufrechnung) können **nicht** mit Wirkung **gegen** den beigeordneten Anwalt vorgebracht werden.

13.3.1 Einwendungen der Partei selbst

83 Abs 2 beschränkt aber nur Einwendungen des Gegners. Dadurch werden Einwendungen der **PKH-Partei selbst** – im Innenverhältnis zu ihrem beigeordneten Rechtsanwalt – nicht ausgeschlossen, diese sind unbeschränkt zulässig.

13.4 Vergütungsanspruch gegen die Staatskasse und Erstattungsanspruch gegen den Gegner

84 Der Vergütungsanspruch des beigeordneten Rechtsanwalts gegen die Staatskasse wird von der Regelung des § 126 ZPO nicht tangiert. Vor allem kann die Staatskasse den Anwalt nicht etwa auf sein eigenes Beitreibungsrecht und damit primär auf den Erstattungsanspruch gegen den Prozeßgegner verweisen. **Erfüllt** aber die Staatskasse den Vergütungsanspruch, so geht der Kostenerstattungsanspruch der PKH-Partei gegen den unterlegenen Gegner auf die Staatskasse im Wege des **gesetzlichen Forderungsübergangs** über, § 130 I 1 BRAGO. (Die Staatskasse „holt" sich also den Erstattungsanspruch als Äquivalent.) Der Anspruch geht in dem Zustand auf die Staatskasse über, in dem der Anwalt darüber verfügte. Das bedeutet: Hat die PKH-Partei bereits vor Verstrickung über den Anspruch **wirksam verfügt,** so muß die Verfügung auch die Staatskasse gegen sich gelten lassen. Der Übergangsanspruch kann außerdem von der Staatskasse **nicht zu Lasten des Anwalts** geltend gemacht werden, § 130 I 2 BRAGO, dem Anwalt gebührt also die **erste Rangstelle.**

14 Entscheidungen und Rechtsmittel, § 127 ZPO

14.1 Verfahren über die Prozeßkostenhilfe

Nach Abs 1 ergehen die Entscheidungen im Verfahren über die Prozeß- 85
kostenhilfe **ohne** mündliche Verhandlung, also im **schriftlichen Verfahren** und durch **Beschluß.** Da eine Kostenerstattung im PKH-Prüfungsverfahren nicht erfolgt, vgl. § 118 I 4 ZPO, ist eine Kostenentscheidung entbehrlich. Gerichtsgebühren fallen nicht an, Auslagen können von der Staatskasse ohnehin nach §§ 49, 68, 69 GKG vom „Veranlasser" geltend gemacht werden.

14.1.1 Bewilligung und Ablehnung der PKH

Die Bewilligungsentscheidung und die ablehnende Entscheidung erge- 86
hen durch zu begründenden Beschluß, der den Parteien – Antragssteller und Gegner – mitzuteilen ist. Für die **Form** gilt **§ 329 I, II ZPO,** d.h.: grundsätzlich formlose Mitteilungen; die Zustellung des Beschlusses ist nur dann erforderlich, wenn eine Frist in Lauf gesetzt wird.

14.2 Zuständigkeit

Die Entscheidung (Bewilligung oder Ablehnung) trifft das Gericht des 87
ersten Rechtszuges; ist das Verfahren in einem höheren Rechtszug anhängig, so ist das Rechtsmittelgericht zuständig, Abs 1 S 2. Damit ist die Zuständigkeit zur Entscheidung über den PKH-Antrag dem Gericht zugeordnet, das auch in der **Hauptsache** zu entscheiden hat. Aus diesem Grundsatz folgt: Wird die PKH für die Zwangsvollstreckung oder für ein Mahnverfahren beantragt, so ist das Vollstreckungsgericht bzw. das Mahngericht zur Entscheidung über den Antrag zuständig. Für die funktionelle Zuständigkeit gilt: Der Zuständigkeit in der Hauptsache folgt auch die über den PKH-Antrag. Ist das Hauptverfahren dem Rechtspfleger übertragen, so ist er folglich auch zur Entscheidung über den PKH-Antrag zuständig.

14.3 Rechtsmittel

Nach Abs 2 S 1 ist die PKH-Bewilligung **unanfechtbar.** Im übrigen 88
findet die Beschwerde statt, es sei denn, daß das **Berufungsgericht** die Entscheidung getroffen hat.

14.3.1 Unanfechtbare Bewilligungsentscheidung

Die **Bewilligungsentscheidung** ist also grundsätzlich **unanfechtbar.** 89
Dabei liegt eine unanfechtbare Entscheidung allerdings nur dann vor, wenn das Gericht **auch** hinsichtlich der Zahlungsmodalitäten (§ 120 ZPO) dem Antrag entsprochen hat, der Antragsteller mithin **nicht beschwert** ist.

Streitig ist, ob der **Staatskasse** gegen den Bewilligungsbeschluß ein

Rechtsmittel zusteht. Die in Literatur und Rechtsprechung wohl überwiegend vertretene Meinung **verneint** ein Beschwerderecht der Staatskasse. Zur Begründung wird angeführt: Der Ausschluß der Beschwerde nach Abs 2 S 1 ist umfassend und die Bewilligungsentscheidung ist auch nicht teilbar, etwa in eine solche nach § 114 ZPO und eine solche nach § 120 I ZPO.

14.3.2 Ablehnende Entscheidung

90 Die **Ablehnung** der PKH ist nur dann unanfechtbar, wenn das Berufungsgericht diese Entscheidung getroffen hat, Abs 2 S 2. Grundsätzlich findet dagegen die **Beschwerde** statt. Hat der Rechtspfleger entschieden, so ist die Erinnerung nach § 11 I RpflG gegeben. **Beschwerdeberechtigt** ist alleine der Hilfebedürftige, nicht etwa der Gegner oder der Rechtsanwalt der Partei. Die Beschwerde, bzw. Erinnerung ist nicht befristet und unterliegt auch nicht dem Anwaltszwang, §§ 569 II 2, 78 II ZPO, § 13 RpflG.

Zu beachten ist: Ein formell rechtskräftig abgelehntes Gesuch kann beim Vorliegen neuer Gründe wiederholt werden, da der ablehnende Beschluß **keine materielle Rechtskraft** entfaltet.

Teil II
Die Vergütung des beigeordneten Rechtsanwalts
(§§ 121–130 BRAGO)

1 Vergütung aus der Bundes- oder Landeskasse, § 121 BRAGO

1.1 Allgemeines

Ist einer Partei im bürgerlichen Rechtsstreit Prozeßkostenhilfe (mit oder ohne Zahlungsauflagen) bewilligt worden, so regelt § 121 ZPO die Voraussetzungen für die gerichtliche Beiordnung eines Rechtsanwalts. Danach gilt: Die Partei hat, wenn die Voraussetzungen des § 121 I, II 1 ZPO vorliegen, **einen Anspruch** auf eine Anwaltsbeiordnung und sie ist in der Wahl des Anwalts grundsätzlich frei. Lediglich § 121 II 2 ZPO beschränkt das Wahlrecht: Ein nicht bei dem Prozeßgericht zugelassener Rechtsanwalt kann nämlich nur beigeordnet werden, wenn dadurch weitere Kosten nicht entstehen. 91

1.1.1 Schuldner der Vergütung

Der beigeordnete PKH-Anwalt erlangt durch die **gerichtliche Beiordnung** einen Vergütungsanspruch – nach Maßgabe des 13. Abschnitts der BRAGO – gegen die **Staatskasse.** 92

Schuldner ist:
- die **Bundeskasse** in Verfahren vor Gerichten des **Bundes**
- die **Landeskasse** in Verfahren vor Gerichten eines **Landes**

1.2 Geltungsbereich

Die Bestimmungen des 13. Abschnitts der BRAGO gelten nicht nur im Rahmen der Anwaltsbeiordnung in bürgerlichen Rechtsstreitigkeiten, sondern grundsätzlich in **allen Verfahren,** in denen die gerichtliche Beiordnung im Rahmen einer PKH-Bewilligung erfolgt. Auch der nach § 625 ZPO in einer Ehesache beigeordnete Anwalt wird nach Maßgabe des § 36 a II 2 BRAGO wie der PKH-Anwalt vergütet. **Ausgenommen** sind der gerichtlich bestellte Verteidiger sowie der beigeordnete Rechtsanwalt im Rahmen von Privatklage-, Nebenklage- oder Klageerzwingungsverfahren; hier gelten besondere Vergütungsvorschriften (vgl. §§ 97 ff. BRAGO). 93

1.3 Anspruchsvoraussetzungen

Das **Entstehen des Vergütungsanspruchs** gegen die Staatskasse knüpft an die folgenden **Voraussetzungen:** 94

- die **gerichtliche PKH-Bewilligung** (z.B. nach § 120 I ZPO oder § 14 FGG),
- die **gerichtliche Beiordnung** des Rechtsanwalts (z.B. nach § 121 ZPO oder § 11 a ArbGG),
- ein **Auftragsverhältnis** zur hilfebedürftigen Partei (§§ 675 ff. BGB) und
- das **Vorliegen gebührenrechtlich relevanter Tätigkeiten,** die geeignet sind das Erfordernis eines Gebühren- oder Auslagentatbestandes zu erfüllen (z.B. das Betreiben des Geschäfts oder das Stellen eines Antrags in der mündlichen Verhandlung, § 31 I Nr 1, 2 BRAGO)

1.4 Höhe der Vergütung

95 Der Anspruch gegen die Staatskasse besteht in Höhe der **gesetzlichen Vergütung,** § 1 I BRAGO, d.h.: Die Gebühren- und Auslagentatbestände für das Verfahren in dem die Beiordnung erfolgte sind nach Maßgabe der §§ 121 ff. BRAGO anzuwenden. Im übrigen gilt: Im Rahmen der gerichtlichen Festsetzung der Vergütung darf **nicht** geprüft werden, ob etwa die Bewilligung der PKH und die Beiordnung des Rechtsanwalts zu Recht erfolgen durfte, die gerichtlichen Beschlüsse sind für die Festsetzungsinstanz vielmehr **bindend.**

1.5 Rechtsnatur des Vergütungsanspruchs

96 Der Anspruch gegen die Staatskasse ist **öffentlich-rechtlicher** Natur; **Anspruchsgrundlage** ist alleine § 121 BRAGO; der Rechtsweg folgt aus § 128 BRAGO. Für die Fälligkeit des Anspruchs gelten die Tatbestände des § 16 BRAGO. Er verjährt in 2 Jahren, die Verjährungsfrist beginnt mit dem Ende des Kalenderjahres, in dem der Anspruch erstmals fällig geworden ist, §§ 196 Nr 15, 201 BGB.

2 Umfang der Beiordnung, § 122 BRAGO

2.1 Allgemeines

97 Nach § 122 I 3 ZPO bewirkt die bewilligte PKH, daß der beigeordnete Rechtsanwalt einen Vergütungsanspruch gegen die hilfebedürftige Partei **nicht geltend machen** kann. Als Äquivalent wird nun an Stelle des „blokkierten" Anspruchs gegen die Partei, ein Vergütungsanspruch gegen die Staatskasse gewährt. Den **Umfang** dieses (Ersatz-)Anspruchs regeln die §§ 122 ff. BRAGO.

2.1.1 Der Beiordnungsbeschluß

Der Grundsatz des Abs 1:

98 Der Anspruch des Rechtsanwalts bestimmt sich nach den **Beschlüssen,** durch die die Prozeßkostenhilfe bewilligt und der Rechtsanwalt beigeordnet worden ist. Kurz: Ohne **gerichtliche Beiordnung** kein Vergütungsanspruch gegen die Staatskasse. **Grundlage** der Forderung des Anwalts gegen die Staatskasse ist demnach alleine der **gerichtliche Bewilligungs- und Beiordnungbeschluß.** Daraus ergeben sich für den beigeordneten Anwalt im Hinblick auf die Höhe seiner Vergütung weitreichende Folgen: Die Staatskasse haftet nämlich nur dann, wenn auch **alle** gebührenrechtlich relevanten Tätigkeiten des Anwalts in der „Region" des **Wirkungsbereichs** der Beiordnung liegen. Der Anwalt kann also für **außerhalb** des Bewilligungs- und Beiordnungsbereichs liegende Tätigkeiten – z.B. Tätigkeiten vor dem Wirksamwerden der Beiordnung – keine Vergütung aus der Staatskasse erhalten. Dabei ist auch zu beachten, daß die Beiordnung zunächst nur den **ursprünglich** erhobenen prozessualen Anspruch umfaßt und ihr „Wirkungsfeld" nicht automatisch verbreitet. Das bedeutet: Wird der Streitgegenstand des Verfahrens erweitert – z.B. durch Klageerhöhung oder durch Erhebung einer Widerklage –, so müssen auch die Bewilligung und die Beiordnung entsprechend **erstreckt** werden, sonst kann es zu Gebühreneinbußen für den Anwalt kommen. Neben der **horizontalen** ist eben auch die **gegenständliche „Reichweite"** des Beiordnungsbeschlusses für den Vergütungsanspruch von entscheidender Bedeutung.

2.1.2 Die Instanz

Die Bewilligung der PKH und die Beiordnung des Rechtsanwalts umfassen zunächst das gesamte Verfahren **desselben Rechtszugs,** § 119 S 1 ZPO (= kostenrechtliche Instanz im Sinne des § 27 GKG). Folglich muß für jede (kostenrechtlich) selbständige (neue) Instanz die Bewilligung und Beiordnung des Rechtsanwalts **gesondert** beantragt und darauf **erstreckt** werden. **99**

2.1.3 Rechtsmittelverfahren; Arrest und einstweilige Verfügung

Da das Rechtsmittelverfahren zum Verfahren des ersten Rechtszuges eine neue Instanz darstellt, muß die Beiordnung des Anwalts für den zweiten Rechtszug **erneut** vorgenommen werden. (Lediglich für die PKH-Bewilligungsentscheidung selbst gilt nach § 119 S 2 ZPO eine Prüfungserleichterung.) Wird der Anwalt im Rechtsmittelverfahren beigeordnet, so erstreckt Abs 2 S 1 allerdings die Beiordnung **kraft Gesetzes** auch auf die Rechtsverteidigung gegen ein Anschlußrechtsmittel. Das gilt ebenso für die Vollziehung eines Arrests oder einer einstweiligen Verfügung, wenn der Anwalt bereits für die Erwirkung der Eilentscheidung, also im Anordnungsverfahren (§§ 924 ff. ZPO), beigeordnet war; zum Anordnungsverfahren gehört dabei auch das Widerspruchsverfahren. Nach Abs 2 S 2 gilt die gesetzliche Erstreckung aber dann nicht, wenn der Beiordnungsbeschluß diese Wirkung ausdrücklich ausschließt. **100**

2.1.4 Ehesachen

Nach § 624 II ZPO erstreckt sich die Bewilligung der PKH für die Scheidungssache **auch** auf die Folgesachen, soweit diese nicht ausdrücklich **101** ausgenommen werden. Voraussetzung der Erstreckung ist nach der h. M. aber: Die Folgesache muß zum Zeitpunkt der gerichtlichen Bewilligungsentscheidung **bereits anhängig** oder mindestens **angekündigt** sein. Folglich erstreckt sich dann aber auch die Beiordnung des Rechtsanwalts auf diese Verfahrensgegenstände, wobei es zudem für die **(Amts-) Folgesachen** – Versorgungsausgleich und elterliche Sorge (vgl. § 623 III ZPO) – **keiner Antragstellung** der Parteien und damit auch **keiner ausdrücklichen Beiordnung** bedarf.

2.1.4.1 Vergleich in Ehesachen

102 Neben der Regelung des § 624 II ZPO ist für den Umfang der Anwaltsbeiordnung in Ehesachen noch **Abs 3 S 1** von entscheidender Bedeutung: Ist nämlich der Rechtsanwalt in einer Ehesache beigeordnet worden, dann erstreckt sich die Beiordnung auch auf den Abschluß eines Vergleiches, der folgende Gegenstände regelt:
- den Ehegattenunterhalt
- den Kindesunterhalt im Verhältnis der Ehegatten zueinander
- die elterliche Sorge
- die Rechtsverhältnisse an der Ehewohnung
- die Rechtsverhältnisse an dem Hausrat
- die Ansprüche aus dem ehelichen Güterrecht

Unbeachtlich ist dabei, ob auch entsprechende Folgesachen anhängig sind. Werden hingegen auch **andere Gegenstände** im Scheidungsvergleich mitgeregelt, so bedarf es zur Begründung von Vergütungsansprüchen der **ausdrücklichen gerichtlichen Beiordnung** des Rechtsanwalts. Das gilt insbesondere auch für **einstweilige Anordnungsverfahren** nach § 620 ZPO, die im Rahmen von Scheidungsverfahren anhängig gemacht werden, Abs 3 S 2 und S 3.

2.1.5 Verfahren im Zusammenhang mit dem Hauptprozeß

103 Angelegenheiten die mit dem Hauptprozeß nur zusammenhängen, werden von der Beiordnung im Hauptverfahren **nicht** umfaßt. Zur Begründung eines Vergütungsanspruchs bedarf es damit der ausdrücklichen gerichtlichen Beiordnung des Rechtsanwalts, Abs 3 S 2. **Exemplarisch** – ohne abschließende Aufzählung – werden in **Abs 3 S 3** bezeichnet:
- die Zwangsvollstreckung
- das Arrest- und einstweilige Verfügungsverfahren sowie das einstweilige Anordnungsverfahren
- das Beweissicherungsverfahren
- das Verfahren über die Widerklage, ausgenommen die Rechtsverteidigung gegen die Widerklage in Ehesachen

104 **Übersehen wird oft:** Werden in einen gerichtlichen Vergleich Ansprüche einbezogen, die **nicht** rechtshängig gemacht worden sind, dann begründet eine nur im Hauptverfahren erfolgte Beiordnung nicht automatisch auch Vergütungsansprüche gegen die Staatskasse aus dem, den Streitwert des Rechtsstreits **übersteigenden,** Gegenstandswert des Vergleichs. Es bedarf vielmehr der **ausdrücklichen Beiordnung** des Rechtsanwalts.

Dies sei an einem **Beispiel** verdeutlicht:

Rechtshängig sind – in erster Instanz – 36000,– DM (Darlehensforderung). In einen gerichtlichen Vergleich wird nun eine weitere – nicht rechtshängige – Kaufpreisforderung mit 6000,– DM einbezogen.

Der beigeordnete Rechtsanwalt erhält, aber nur unter der Voraussetzung, daß die Beiordnung auch ausdrücklich auf die vergleichsweise Erledigung der Kaufpreisforderung erstreckt wurde (Antragstellung ist nötig!), folgende Prozeßgebühren:

a. 10/10 Prozeßgebühr, §§ 31 I Nr 1, 123 BRAGO aus 36000,– DM	524,– DM
b. 5/10 Prozeßgebühr, §§ 31 I Nr 1, 32 II, 123 BRAGO aus 6000,– DM	149,– DM
	673,– DM
aber: begrenzt auf maximal (§ 13 III BRAGO) 10/10 Prozeßgebühr aus 42000,– DM	532,– DM

2.1.6 Beendigung der Beiordnung

Die **Beiordnung** des Anwalts **endet** z.B. mit: **105**
- dem Tode der hilfebedürftigen Partei oder des Rechtsanwalts
- der Kündigung des Auftrages
- der Aufhebung der Bewilligung der Prozeßkostenhilfe oder der Beiordnung
- der Beendigung der Zulassung des Rechtsanwalts

3 Gebühren des beigeordneten Rechtsanwalts, § 123 BRAGO

3.1 Die Tabelle zu § 123 BRAGO

Der im Wege der Prozeßkostenhilfe beigeordnete Rechtsanwalt erhält **106** grundsätzlich die Gebühren eines Wahlanwalts (= gesetzliche Vergütung). Aber: Abweichend von § 11 I 1 BRAGO senkt die **Tabelle zu § 123 BRAGO** die Gebührenbeträge ab.

Danach ergibt sich folgendes:
- ab einem Streitwert **von mehr als** 5600,– DM bis 45000,– DM erhält der PKH-Anwalt **geringere** Gebührenbeträge
- ab einem Streitwert **von mehr als** 45000,– DM wird die Gebühr auf einen **Festbetrag** von 540,– DM „eingefroren".

3.1.1 Mindestbetrag; Aufrundung

Beim Gebührenansatz nach § 123 BRAGO gilt: Der **Mindestbetrag** einer **Gebühr** ist **12,– DM,** Pfennigbeträge einer Gebühr werden auf volle 10 DPf aufgerundet, §§ 11 II, 121, 123 BRAGO. Eine gegenüber § 11 II BRAGO vorrangige Sonderregelung existiert hier nicht. **107**

3.1.2 Berufungs- und Revisionsverfahren

108 Im Berufungs- und Revisionsverfahren ist die Gebühr nach Maßgabe des § 11 I 2, 3 BRAGO um $^{3}/_{10}$ bzw. um $^{10}/_{10}$ zu erhöhen; eine $^{13}/_{10}$ Gebühr aus Streitwerten über 45 000,– DM beträgt dann 702,– DM.

4 Weitere Vergütung des beigeordneten Rechtsanwalts, § 124 BRAGO

4.1 Systematik

109 Der im Wege der Prozeßkostenhilfe beigeordnete Rechtsanwalt kann einen Vergütungsanspruch gegen die hilfebedürftige Partei nicht geltend machen, § 122 I Nr 3 ZPO. **An die Stelle** des Anspruchs gegen die Partei tritt vielmehr der öffentlich-rechtliche Anspruch gegen die Staatskasse, §§ 121 ff. BRAGO. Der beigeordnete Anwalt erhält danach zwar grundsätzlich die gesetzliche Vergütung (vgl. den Wortlaut des § 121 BRAGO: „... soweit in diesem Abschnitt nichts anderes bestimmt ist ..."), aber: § 123 BRAGO stellt gegenüber § 11 I BRAGO eine **vorrangige Sonderregelung** dar und so kann es dann zur Schlechterstellung des beigeordneten Anwalts kommen.

Beispiel:
Der beigeordnete Rechtsanwalt hat Anspruch auf eine Prozeßgebühr erlangt, Streitwert 50 000,– DM:

– $^{10}/_{10}$ Prozeßgebühr des Wahlanwalts	1 235,– DM
– $^{10}/_{10}$ Prozeßgebühr des beigeordneten Anwalts	540,– DM
Differenz (Deckungslücke) zu Lasten des beigeordneten Rechtsanwalts	695,– DM

Um nun diesen Nachteil für den beigeordneten Rechtsanwalt zu kompensieren oder zumindest zu mildern, bestimmt § 124 I 1 BRAGO: Gebühren **bis zur Höhe** der Regelgebühren (= Gebühren nach der Tabelle zu § 11 I 1 BRAGO) erhält der Rechtsanwalt, soweit die von der Bundes- oder Landeskasse eingezogenen Beträge den Betrag **übersteigen,** der zur **Deckung** der in § 122 I Nr 1 ZPO bezeichneten Kosten und Ansprüche erforderlich ist. **Schuldner** dieser weiteren Vergütung ist die **Staatskasse,** die den Anspruch auf die Zahlungen nach § 120 II ZPO gegen die PKH-Partei hatte, Abs 1 S 2.

4.2 Weitere Vergütung

110 Wird die Prozeßkostenhilfe unter Zahlungsauflagen gewährt, so fließen die von der Partei zu erbringenden Leistungen (Monatsraten und/oder Vermögensbeträge) in die Staatskasse, §§ 115 I, 120 I, II ZPO. Nach Beendigung des Verfahrens kann sich folglich die Situation ergeben, daß die PKH-Partei **mehr** gezahlt hat, als die Staatskasse von ihr beanspruchen kann: ein **Überschuß** in der Staatskasse ist also festzustellen. Auf diesen Überschuß kann nun der Rechtsanwalt **Zugriff** nehmen und dadurch die

„Idealvergütung" nach § 11 I 1 BRAGO ganz oder zumindest annähernd erreichen.

4.2.1 Anspruchsvoraussetzungen

111 Der Anspruch des beigeordneten Rechtsanwalts entsteht erst, wenn die Staatskasse wegen der ihr zustehenden Ansprüche gegen die hilfebedürftige Partei befriedigt ist. Anders ausgedrückt: **Sämtliche Gerichtskosten** (Gebühren und Auslagen) sowie **Gerichtsvollzieherkosten** (Gebühren und Auslagen) **und** die auf die Staatskasse nach § 130 I BRAGO **übergegangenen Ansprüche** der beigeordneten Rechtsanwälte müssen durch die eingegangenen Zahlungen gedeckt sein **und** schließlich muß sich noch ein **Überschuß** ergeben. Dieser Überschuß wird dann nicht an die zahlende Partei „ausgekehrt", sondern eben ganz oder teilweise an den beigeordneten Rechtsanwalt als „weitere Vergütung" ausbezahlt.

4.2.2 Höhe der weiteren Vergütung; Berechnung

112 Damit das Gericht die Höhe der weiteren Vergütung bemessen kann, soll (empfehlenswert!) der beigeordnete Rechtsanwalt nach Fälligkeit eine **Berechnung seiner Vergütung** (Gebühren und Auslagen) alsbald zu den Prozeßakten einreichen, Abs 2. Das Gericht verfügt dann nämlich über eine sichere Grundlage, um eine bestehende „Lücke" zwischen den Regelgebühren nach § 11 I 1 BRAGO und den nach § 123 BRAGO abgesenkten Gebühren zu ermitteln. Maximal erhält der Anwalt dann als weitere Vergütung den Betrag festgesetzt und aus der Staatskasse ausbezahlt, der ihm zur „Idealvergütung" eines Wahlanwalts fehlt. Für die PKH-Partei aber, der Zahlungen im Bewilligungsbeschluß aufgegeben waren, kann dies Konsequenzen haben. Denn: wurden die Zahlungen etwa nach § 120 III Nr 1 ZPO vor dem Erreichen des Ratenmaximums (48 Monate) vorläufig angehalten, so ist die **Wiederaufnahme** der Zahlungen anzuordnen und zwar solange bis die „Lücke" geschlossen ist.

4.2.3 Das Festsetzungsverfahren

4.2.3.1 Allgemeines; Zeitpunkt

113 **Zahlbar** gemacht wird die weitere Vergütung durch eine **Festsetzung** nach § 128 I BRAGO.

Zulässig ist die Festsetzung, wenn

- das Verfahren durch **rechtskräftige** Entscheidung oder in sonstiger Weise – z. B. durch Vergleich – **beendet** ist und
- die von der Partei zu zahlenden Beträge (gemeint sind die nach § 120 I ZPO festgesetzten) **beglichen** sind oder eine Zwangsvollstreckung in das bewegliche Vermögen der Partei erfolglos geblieben ist oder aussichtslos erscheint, Abs 3.

4.2.3.2 Zuständigkeit

114 Grundsätzlich gilt: Auf **Antrag** des beigeordneten Rechtsanwalts setzt der **Urkundsbeamte der Geschäftstelle** des Gerichts des Rechtszuges die

aus der Staatskasse zu gewährende Vergütung fest, § 128 I 1 Hs 1 BRAGO. Nach Beendigung des Verfahrens durch rechtskräftige Entscheidung oder in sonstiger Weise ist jedoch der Urkundsbeamte des Gerichts des ersten Rechtszuges zuständig, § 128 I 1 Hs 2 BRAGO. Daraus folgt: Für die Festsetzung der weiteren Vergütung nach § 124 I BRAGO ist immer der Urkundsbeamte des Gerichts des **ersten Rechtszuges** zuständig, da der Festsetzungsantrag erst nach Beendigung des Verfahrens zulässig ist. Die weitere Vergütung wird nur auf Antrag festgesetzt, zur Antragstellung kann schließlich der Urkundsbeamte den beigeordneten Rechtsanwalt auch **auffordern,** § 128 II BRAGO.

4.2.4 Mehrere beigeordnete Rechtsanwälte

115 Sind der hilfebedürftigen Partei mehrere Rechtsanwälte beigeordnet worden, so ist der Überschuß nach Maßgabe des Abs 4 **verhältnismäßig** aufzuteilen.

5 Verschulden eines beigeordneten Rechtsanwalts, § 125 BRAGO

5.1 Grundgedanke

116 Mit dieser Bestimmung soll die Belastung der Staatskasse eingegrenzt werden: Hat nämlich der beigeordnete Rechtsanwalt selbst durch ein **schuldhaftes Verhalten** die Beiordnung eines anderen (weiteren) Rechtsanwalts veranlaßt, so gehen die entstehenden **Mehrkosten** zu seinen Lasten, die Staatskasse soll dadurch entlastet werden.

5.2 Verschulden des beigeordneten Rechtsanwalts

117 Wird der hilfebedürftigen Partei ein anderer (weiterer) Rechtsanwalt beigeordnet, so erlangt auch dieser Vergütungsansprüche gegen die Staatskasse. Hat nun die weitere Beiordnung der erste Rechtsanwalt **schuldhaft** verursacht, so kann dieser die Gebühren, die auch für den weiteren Anwalt entstehen, nicht fordern. Tatbestandsvoraussetzung ist aber: eine schuldhafte (vorsätzliche oder fahrlässige) Verursachung des Anwaltswechsels. Ein solch schuldhaftes Verhalten kann auch bereits schon zum Zeitpunkt der Beiordnung vorliegen.

(**Beispiele:** dem beigeordneten Anwalt wird die Zulassung entzogen; er legt grundlos das Mandat nieder)

5.3 Kürzung der Gebühren

118 Eine **Kürzung** des Gebührenanspruchs ist in der Weise vorzunehmen, daß die Gebühren, die auch vom Mandatsnachfolger gefordert werden können, nicht aus der Staatskasse erstattet werden.

Beispiel:
Vor und nach (verschuldeter) Beiordnung des weiteren Rechtsan-

walts wurde Beweis erhoben. Folge: Der erste Rechtsanwalt hat den Anspruch auf eine Beweisgebühr verloren.

6 Auslagen des beigeordneten Rechtsanwalts, § 126 BRAGO

6.1 Allgemeines

Nach § 121 BRAGO hat der beigeordnete Rechtsanwalt Anspruch auf 119
die **gesetzliche** Vergütung und diese besteht, nach dem in § 1 I BRAGO definierten Begriff, aus Gebühren und Auslagen. Der beigeordnete Rechtsanwalt erhält somit neben den Gebühren auch die Auslagen aus der Staatskasse erstattet. Der **Auslagenersatzanspruch** erstreckt sich insbesondere auf

- die Mehrwertsteuer, § 25 II BRAGO
- die Postgebühren, § 26 BRAGO
- die Schreibauslagen, § 27 BRAGO
- die Reisekosten, § 28 BRAGO

Abs 1 fordert aber für die Auslagenerstattung aus der Staatskasse zusätz- 120
lich: Die Auslagen müssen, um ersatzfähig zu sein, zur **sachgemäßen Wahrnehmung** der Interessen der Partei **erforderlich** gewesen sein. Die Beweislast dafür, daß angesetzte Auslagen nicht erforderlich waren, trifft die Staatskasse.

6.2 Sachgemäße Interessenwahrnehmung

Die Ersatzpflicht der Staatskasse knüpft nach Abs 1 S 1 also daran, daß 121
die Auslagen **zum Zeitpunkt ihres Entstehens** erforderlich (notwendig) waren. Dabei wird die Notwendigkeit der entstandenen Auslagen an den Kriterien des Kostengeringhaltungsgebotes, das für die Kostenerstattung der Parteien nach § 91 I ZPO gilt, zu messen sein. (Eine allzu kleinliche Handhabung scheint aber bei der Festsetzung nicht angemessen, im Zweifel ist zu erstatten.)

6.3 Die einzelnen Auslagen

6.3.1 Reisekosten

Grundsätzlich gehören die **Reisekosten** des beigeordneten Rechtsan- 122
walts zu den ersatzfähigen Aufwendungen. Bei der Beurteilung, ob die Reisekosten auch erforderlich waren, ist wie folgt zu differenzieren:

6.3.1.1 Reisekosten für die Wahrnehmung auswärtiger Beweistermine

Termine können nicht nur vor dem Prozeßgericht selbst, sondern auch 123
vor einem beauftragten oder ersuchten Richter, also an einem anderen Ort, stattfinden. Im Rahmen der Kostenerstattung nach § 91 ZPO gilt: Die Partei hat grundsätzlich das Recht einen Beweisaufnahmetermin selbst wahrzunehmen oder aber sich im Termin vertreten zu lassen. Der beige-

ordnete Rechtsanwalt hat somit abzuwägen: Er kann entweder den Termin selbst wahrnehmen oder auf eine ordnungsgemäße Vertretung der Partei (z.B. durch einen Beweisanwalt, vgl. § 121 III ZPO, § 54 BRAGO) in dem Beweistermin hinwirken. Nimmt er den Termin selbst wahr, so sind seine Reisekosten in der Regel **ersatzfähig.**

6.3.1.2 Reisekosten des auswärtigen Rechtsanwalts, der beim Prozeßgericht zugelassen ist

124 Befindet sich die Kanzlei oder der Wohnsitz des beigeordneten Rechtsanwalts **nicht** an dem Ort, an dem das Prozeßgericht oder eine auswärtige Abteilung dieses Gerichts sich befindet, so beschränkt Abs 1 S 2 Hs 1 die Ersatzpflicht für die Staatskasse mit der Folge: dadurch entstandene **Mehrkosten** werden **nicht vergütet.** Hier ist die zwischen den Parteien geltende Erstattungsregelung des § 91 II 2 ZPO übernommen worden, um die Belastung der Staatskasse zu begrenzen und schließlich nur in dem Umfang zuzulassen, als Reisekosten auch einem ortsansässigen Rechtsanwalt zu erstatten wären. (Folglich betrifft die Vorschrift auch nur die entstandenen „Mehrkosten".) Die aus der Staatskasse nicht ersetzbaren Mehrkosten werden sich bei einer **vergleichenden Betrachtung** der tatsächlich entstandenen mit den fiktiven Reiseauslagen eines am Sitz des Prozeßgerichts residierenden Rechtsanwalts ermitteln lassen.

6.3.1.3 Reisekosten des auswärtigen Rechtsanwalts, der nicht beim Prozeßgericht zugelassen ist

125 Abs 1 S 2 durchbricht die dargestellte Regelung des ersten Halbsatzes dann, wenn der beigeordnete Rechtsanwalt weder bei dem Prozeßgericht, noch bei einem Gericht zugelassen ist, das sich an demselben Ort wie das Prozeßgericht befindet, mit dem Ergebnis: die entstandenen **Mehrkosten** sind **ersatzfähig.** Diese Ausnahmeregelung hat alleine die Zulassung der Rechtsanwälte nach der **BRAO** im Auge. Für die ordentliche Gerichtsbarkeit gilt nämlich: Jeder Rechtsanwalt muß bei einem bestimmten Gericht zugelassen sein (§§ 18, 23 BRAO). Ist nun aber bei dem Prozeßgericht gerade kein Rechtsanwalt oder nur ein Rechtsanwalt, der jedoch bereits die Gegenpartei vertritt, zugelassen, so kann dieser Umstand nicht zu Lasten des beigeordneten auswärtigen Rechtsanwalts gehen; die entstandenen Reisekosten sind in diesem Falle ersatzfähig.

126 Eine besonders interessante Konstellation kann sich hier in **Ehesachen** ergeben:

Nach § 78 I 2 Hs 2 ZPO können sich nämlich die Parteien in Verfahren vor den Familiengerichten mit Anwaltszwang, auch durch einen beim übergeordneten Landgericht zugelassenen Rechtsanwalt vertreten lassen. Dadurch ist folgende Konstellation möglich: Ein beigeordneter **auswärtiger** Rechtsanwalt, der beim **Prozeßgericht** – Familiengericht – **nicht** zugelassen ist, ist aber über § 78 I 2 Hs 2 ZPO dort **postulationsfähig. Formal** liegt somit ein Fall des Abs 1 S 2 Hs 2 vor, die Reisekosten wären mithin erstattungsfähig. Aber: Durch die Regelung des § 78 I 2 Hs 2 ZPO ist der Rechtsanwalt wie ein beim Amtsgericht – Familiengericht – **zuge-**

lassener Rechtsanwalt zu betrachten, die Reisekosten sind damit der Erstattungsregel des Abs 1 S 2 Hs 1 BRAGO unterworfen und werden folglich aus der Staatskasse **nicht vergütet.**

6.3.2 Postgebühren

Der beigeordnete Rechtsanwalt hat Anspruch auf Erstattung der angefallenen **Postgebühren.** Dabei ist zu beachten: Wird vom Rechtsanwalt die Postgebührenpauschale des § 26 S 2 BRAGO beansprucht, so ist diese aus den **Regelgebühren,** also den Gebühren nach § 11 I 1 BRAGO und nicht aus den nach § 123 BRAGO ermäßigten Gebühren zu errechnen. Die Pauschale beträgt in derselben Angelegenheit maximal 40,– DM, bzw. 30,– DM (§ 26 S 2 BRAGO). **127**

6.3.3 Schreibauslagen

Nach § 27 I BRAGO kann der Rechtsanwalt **Schreibauslagen** für zusätzlich gefertigte Abschriften und Ablichtungen verlangen. Aber auch für den Schreibauslagenersatz aus der Staatskasse gilt: Die Erstattungsfähigkeit wird von der Regel des Abs 1 S 1 beherrscht, die Auslagen müssen also zur sachgemäßen Wahrnehmung der Interessen der Partei **erforderlich** (notwendig) gewesen sein. Die Beweislast dafür, daß Schreibauslagen nicht notwendig waren, trifft die Staatskasse. **128**

(**Hinweis:** Nach Nr 1900 2 c KVGKG steht dem beigeordneten Rechtsanwalt eine vollständige Ausfertigung oder Abschrift jeder gerichtlichen Entscheidung oder jedes vor Gericht abgeschlossenen Vergleichs schreibauslagenfrei zu.)

Die Schreibauslagen betragen für jede optische Seite, unabhängig von der Art der Herstellung, 1,– DM (§ 27 II BRAGO, Nr 1900 KVGKG).

6.3.4 Dolmetscher- und Übersetzerkosten

Zu den aus der Staatskasse zu erstattenden Auslagen gehören auch **Kosten,** die der beigeordnete Rechtsanwalt für die notwendige Zuziehung eines **Dolmetschers oder Übersetzers,** etwa zur Verständigung mit seiner Partei, aufbringen mußte. **129**

6.4 Gerichtliche Feststellung nach Abs 2

Die **gerichtliche Feststellung** nach Abs 2 trägt dem Umstand Rechnung, daß die dem beigeordneten Rechtsanwalt entstandenen Auslagen und hier insbesondere die Reisekosten, nur nach Maßgabe des Abs 1 zu ersetzen sind. Um nicht Gefahr zu laufen, daß entstandene Reisekosten letztlich nicht erstattet werden, besteht für den beigeordneten Rechtsanwalt die Möglichkeit bereits vor Reiseantritt, also präventiv, die Notwendigkeit der Reise gerichtlich feststellen zu lassen. Die positive Feststellung des Gerichts hat für die spätere Festsetzung der entstandenen Auslagen im Verfahren nach § 128 BRAGO nämlich **bindende Wirkung.** Das Gericht **130** hat vor der Entscheidung den Vertreter der Staatskasse zu hören (Art 103 I GG), die Entscheidung (Beschluß) ist unanfechtbar (h. M.). Zu beachten ist aber: Der Antrag muß **vor** Reiseantritt gestellt werden, einem danach gestellten Antrag fehlt das Rechtsschutzbedürfnis.

7 Vorschuß, § 127 BRAGO

7.1 Gebühren- und Auslagenvorschuß

131 Der Wahlanwalt kann von seinem Auftraggeber einen angemessenen Vorschuß fordern, § 17 BRAGO. Ein entsprechendes **Vorschußrecht** gewährt § 127 BRAGO nun auch dem beigeordneten Rechtsanwalt; Rechtsweg: Festsetzungsverfahren nach § 128 BRAGO.

Vorschußweise können gefordert werden:
- die entstandenen **Gebühren** (Fälligkeit nach § 16 BRAGO ist nicht erforderlich) und
- die entstandenen und voraussichtlich entstehenden **Auslagen.**

8 Rechtsweg, § 128 BRAGO

8.1 Allgemeines

132 Die dem beigeordneten Rechtsanwalt aus der Staatskasse zu gewährende Vergütung wird der **Höhe** nach vom **Urkundsbeamten der Geschäftsstelle festgesetzt,** Abs 1 S 2. Anders als beim Kostenfestsetzungsverfahren nach §§ 103, 104 ZPO, ist hier aber kein zur Zwangsvollstreckung geeigneter Titel erforderlich, der Ausgang des Rechtsstreits ist für die Festsetzung grundsätzlich ohne Bedeutung. (Ausnahme: Festsetzung der weiteren Vergütung nach § 124 III BRAGO). Materiellrechtliche Einwendungen sind in diesem Verfahren unbeachtlich.

8.2 Voraussetzungen der Festsetzung

8.2.1 Antrag; Form; Frist

133 Die Festsetzung findet nur auf **Antrag** statt; antragsberechtigt ist der beigeordnete Rechtsanwalt oder sein Rechtsnachfolger. Keine Antragsbefugnis haben die hilfebedürftige Partei und der Prozeßgegner.

Der Antrag ist **formfrei** zulässig und unterliegt grundsätzlich **keiner Frist.** (Ausnahme: Aufforderung nach Abs 2, i. V. mit § 124 II BRAGO.) Für die Antragstellung wurde ein **amtlicher Vordruck** geschaffen.

8.2.1.1 Inhalt

134 Der beigeordnete Rechtsanwalt muß in dem Antrag seine Vergütung in der Form des § 18 BRAGO berechnen und zugleich erklären, ob und welche **Zahlungen** er von seinem Auftraggeber oder einem Dritten bis zum

Tage der Antragstellung erhalten hat, Abs 1 S 3. Gehen **nach** der Festsetzung noch Zahlungen ein, so sind diese unverzüglich anzuzeigen. Aus der nach Abs 1 S 2 vorgeschriebenen sinngemäßen Anwendung des § 104 II ZPO folgt: Grundsätzlich genügt zur Berücksichtigung eines Kostenansatzes, daß er **glaubhaft** gemacht ist (vgl. § 294 ZPO). Hinsichtlich der erwachsenen Auslagen an Post-, Telegraphen- und Fernsprechgebühren genügt die **Versicherung** des Rechtsanwalts, daß diese Auslagen entstanden sind.

8.2.2 Zuständigkeit

Nach Abs 1 S 1 ist funktionell der Urkundsbeamte der Geschäftsstelle – nicht der Rechtspfleger – zuständig. Hinsichtlich der örtlichen Zuständigkeit ist zu differenzieren: **135**

- Ist das Verfahren noch **nicht rechtskräftig** oder in sonstiger Weise beendet, so setzt der Urkundsbeamte des Gerichts des Rechtszugs die Vergütung fest (Abs 1 S 1 Hs 1).
- Ist das Verfahren bereits **rechtskräftig** oder in sonstiger Weise – z. B. durch Vergleich – beendet, so liegt die Zuständigkeit für die Festsetzung aller Ansprüche des beigeordneten Rechtsanwalts immer beim Urkundsbeamten des Gerichts des ersten Rechtszugs (Abs I S 1 Hs 2). Grund der Regelung in Hs 2: Die Festsetzung der weiteren Vergütung nach § 124 II BRAGo setzt eine präzise Schlußabrechnung voraus, die damit zentral einem Urkundsbeamten obliegt, vgl. auch Abs 2.

8.2.3 Verfahren vor dem Urkundsbeamten

Der Urkundsbeamte prüft, ob die Antragsvoraussetzungen gegeben sind, der Antrag also **zulässig** ist und ob die Gebühren- und Auslagenansätze den gesetzlichen Bestimmungen entsprechen. **136**

Im einzelnen wird u. a. zu prüfen sein: ob alle Tätigkeiten des beigeordneten Rechsanwalts durch den Bewilligungs- und Beiordnungsbeschluß **gedeckt** sind (§ 122 BRAGO), ob die angesetzten Auslagen zur **sachgemäßen** Wahrnehmung der Interessen der Partei erforderlich waren (§ 126 BRAGO) und, ob die Gebühren der Höhe nach richtig berechnet sind (§ 123 BRAGO). Stellt der Urkundsbeamte im Rahmen seiner Prüfungspflicht einen **Mangel** fest, so hat er dem Rechtsanwalt Gelegenheit zur **Behebung** innerhalb einer angemessenen Frist zu geben.

8.2.3.1 Aufforderung nach Abs 2

Der Urkundsbeamte kann (muß) den beigeordneten Rechtsanwalt auffordern, innerhalb einer Frist (keine Notfrist) von einem Monat Anträge auf Festsetzung der Vergütung, wegen der noch **weitere Ansprüche** gegen die Staatskasse bestehen, einzureichen. Die Bestimmung schließt damit **systematisch** an §§ 120 I, II, 122 I Nr 1, 3 ZPO und § 124 I BRAGO an. Grund der Regelung in Abs 2: Wurde die Prozeßkostenhilfe mit Zahlungsauflagen verbunden, so hat der Urkundsbeamte nach Beendigung des Verfahrens abschließend abzurechnen. Neben den ihm ziffernmäßig bereits bekannten Ansprüchen der Staatskasse (vgl. § 122 I Nr 1 ZPO) **137** kommt schließlich noch der Anspruch des Rechtsanwalts auf die Festsetzung einer weiteren Vergütung nach § 124 I BRAGO in Betracht; gerade dieser Anspruch muß aber dem Urkundsbeamten erst ziffernmäßig bekannt werden. Als **„Informationsinstrument“** steht ihm dazu die Aufforderung an den beigeordneten Rechtsanwalt nach Abs 2 zur Verfügung. Die Aufforderung ist **zuzustellen** (vgl. §§ 329 II 2 Hs 2, 212 a ZPO). Gibt der Rechtsanwalt die Vergütung innerhalb der gesetzten Frist nicht bekannt, so **erlöschen** seine Ansprüche mit der Folge: Ein etwaiger Überschuß in der Staatskasse wird dann an die **Partei** „ausgekehrt“.

8.2.4 Die Entscheidung des Urkundsbeamten

138 Die Entscheidung ergeht durch **Festsetzungsbeschluß.** Dem beigeordneten Rechtsanwalt wird der Beschluß nur dann bekannt gemacht, wenn seinem Antrag nicht oder teilweise nicht entsprochen wurde. Da keine Frist in Lauf gesetzt wird, genügt formlose Mitteilung des Beschlusses. Eine Verzinsung des Erstattungsbetrages kann nicht angeordnet werden, § 104 I 2 ZPO ist nicht anwendbar. Um dem Rechtsanwalt und dem Gericht eine Nachprüfung der Festsetzung zu ermöglichen, unterliegt der Beschluß grundsätzlich dem Begründungszwang. (Ausnahme: Es wird nach Antrag festgesetzt und der Vertreter der Staatskasse hat keine Bedenken erhoben.) Der Festsetzungsbeschluß wirkt für und gegen die Beteiligten – Rechtsanwalt und Staatskasse – und ist nur im Erinnerungs-, bzw. Beschwerdeverfahren abänderbar. Eine Abänderung von Amts wegen, etwa auf Anregung der Beteiligten, ist unzulässig (h. M.).

8.2.5 Rechtsmittel

8.2.5.1 Erinnerung

139 Gegen die **Festsetzung** findet die **(unbefristete) Erinnerung** statt, Abs 3; Form: § 10 IV BRAGO. Berechtigt zur Einlegung des Rechtsbehelfs sind der beigeordnete Rechtsanwalt und die Staatskasse, vertreten durch den Bezirksrevisor. Zuständig zur Entscheidung über die Erinnerung ist das Gericht des Rechtszugs dessen Urkundsbeamter die Vergütung festgesetzt hat. Die Entscheidung (Beschluß) ist den Beteiligten formlos mitzuteilen.

8.2.5.2 Beschwerde

140 Gegen die **Entscheidung des Gerichts** über die Erinnerung findet die **(einfache) Beschwerde** statt, Abs 4. Zulässigkeitsvoraussetzung ist aber: Der Wert des Beschwerdegegenstandes (die Beschwer) muß 100,– DM übersteigen; Form: § 10 IV BRAGO. Das Beschwerdegericht entscheidet durch Beschluß, eine weitere Beschwerde findet nicht statt, Abs 4 S 3. Da das Verfahren über die Erinnerung und die Beschwerde gebührenfrei ist, sind Kostenentscheidungen nicht veranlaßt; außergerichtliche Kosten werden nicht erstattet, Abs 5.

9 Anrechnung von Vorschüssen und Zahlungen, § 129 BRAGO

9.1 Allgemeines

Die Bestimmung trägt dem Umstand Rechnung, daß die Gebühren des beigeordneten Rechtsanwalts **hinter den Regelgebühren** zurückbleiben können (vgl. §§ 121 I, 123 BRAGO). Eine verbleibende Deckungslücke kann dann nämlich nur noch geschlossen werden, wenn dem Rechtsanwalt entweder ein Anspruch auf eine weitere Vergütung zusteht (vgl. § 124 BRAGO) oder der solvente Prozeßgegner erstattungspflichtig ist (vgl. §§ 91 I, II 1, 126 I ZPO) oder aber die Bewilligung der Hilfe wieder aufgehoben wird (vgl. § 124 ZPO). Bedeutsam sind nun in diesem Zusammenhang **Vorschußzahlungen** an den Rechtsanwalt von seinem Auftraggeber oder von einem Dritten. Denn: wären entsprechende Zahlungen auf die Vergütung, die aus der Staatskasse zu zahlen ist, anzurechnen, so würde die Deckungslücke in unveränderter Höhe bestehen bleiben, die Staatskasse also zu Lasten des Rechtsanwalts begünstigt werden. § 129 BRAGO bestimmt aber die **Anrechnungsmodalität** anders und folgt damit der **Grundregel des § 366 II BGB:** Vorschüsse und Zahlungen sind zunächst auf die Vergütung anzurechnen, für die ein Anspruch gegen die Staatskasse nicht oder nur unter den Voraussetzungen des § 124 BRAGO besteht (= geringere Sicherheit i. S. des § 366 II BGB). Damit ergibt sich über § 129 BRAGO für den beigeordneten Rechtsanwalt eine **zusätzliche Möglichkeit,** die **Regelgebühren** zu erreichen. **141**

9.2 Die Anrechnung

Gibt der beigeordnete Rechtsanwalt Vorschußzahlungen an, so ist eine ev. bestehende Deckungslücke zu ermitteln. Oder anders ausgedrückt: Die gesetzliche Vergütung eines Wahlanwalts ist der Vergütung des beigeordneten Rechtsanwalts gegenüberzustellen und ein ev. **Differenzbetrag** festzustellen. Auf diese Differenz ist dann die Vorschußzahlung zunächst zu verrechnen und **erst dann,** wenn nun noch ein Überschuß verbleibt, ist eine Kürzung der aus der Staatskasse zu zahlenden Vergütung vorzunehmen. **142**

Dazu zwei **Beispiele:**

Beispiel 1:

In einem Rechtsstreit mit einem Streitwert von 10000,– DM sind für den beigeordneten Rechtsanwalt 2 volle Gebühren entstanden; der Auftraggeber hat DM 150,– als Vorschuß bezahlt.

Es beantragen:

2 Gebühren des Wahlanwalts	978,– DM	(§ 11 BRAGO)
2 Gebühren des beigeordneten Anwalts	780,– DM	(§ 123 BRAGO)
Differenz/Deckungslücke	198,– DM	

Ergebnis:

Der beigeordnete Rechtsanwalt erhält aus der Staatskasse (ungeschmälert) 780,– DM und kann zusätzlich den Vorschuß einbehalten; insgesamt erhält er also 930,– DM und erreicht annähernd die „Idealvergütung“.

Beispiel 2:

Wie Beispiel 1; aber der Auftraggeber hat 250,– DM als Vorschuß bezahlt.

In diesem Fall erhält der beigeordnete Rechtsanwalt:

Differenz/Deckungslücke	198,– DM
./. Vorschuß	250,– DM
Überschuß	52,– DM

Ergebnis:

Den Überschuß muß sich nun der Anwalt auf die Vergütung nach

§§ 121, 123 BRAGO in Höhe von		780,– DM
anrechnen lassen und	./.	52,– DM
aus der Staatskasse werden dann nur		728,– DM erstattet.

Der Rechtsanwalt erhält also hier eine Vergütung in Höhe der Regelgebühren (728,– DM + 250,– DM).

9.3 Vereinbartes Honorar

143 Hat der Rechtsanwalt nach der Beiordnung mit seiner Partei eine **Honorarvereinbarung** getroffen, so wird für die Partei zwar keine Verbindlichkeit begründet, aber: freiwillige und ohne Vorbehalt vorgenommene Leistungen können grundsätzlich nicht zurückgefordert werden, **§ 3 IV BRAGO.**

Die Vereinbarung eines erhöhten Honorars wirkt aber nicht gegen die Staatskasse, insbesondere wären Vereinbarungen über Anrechnungsmodalitäten zu Lasten der Staatskasse **unwirksam.**

9.4 Mitteilungspflicht

144 Für den beigeordneten Rechtsanwalt besteht die Pflicht, **Zahlungen** des Auftraggebers oder eines Dritten im Festsetzungsantrag **anzuzeigen,** § 128 I 3 BRAGO. Der Urkundsbeamte prüft dann, ob und in welcher Höhe die Vorschußzahlung auf den Erstattungsbetrag anzurechnen ist.

10 Übergang von Ansprüchen auf die Bundes- oder Landeskasse, § 130 BRAGO

10.1 Allgemeines

145 Wegen seiner Vergütungsansprüche ergibt sich für den beigeordneten Rechtsanwalt stets folgende Konstellation: Die Staatskasse haftet immer, der Gegner nur, wenn er im Rechtsstreit unterliegt, die hilfebedürftige Partei schließlich erst dann, wenn die Bewilligung wieder aufgehoben wird. Der Anwalt hat nun die **Wahl,** welchen dieser Schuldner er zunächst in Anspruch nimmt, in der Regel wird dies die **Staatskasse** sein. Diese Situation hat die Bestimmung des § 130 I BRAGO „im Auge“: Leistet die Staatskasse an den beigeordneten Rechtsanwalt, so geht ein Anspruch des Anwalts wegen seiner Vergütung **gegen die Partei** oder einen **ersatzpflichtigen Gegner,** also gegen die beiden weiteren Schuldner, auf die Staatskasse über. Grund der Regelung: Die Ausgabenlast der Staatskasse soll durch diesen Rückgriffsanspruch vermindert werden. Da der Übergang des Anspruchs **kraft Gesetzes** stattfindet, ist eine Abtretung nach § 398 BGB nicht erforderlich; über § 412 BGB finden aber zahlreiche Bestimmungen der Forderungsübertragung hier entsprechende Anwendung.

(**Hinweis:** Der in Abs 1 geregelte gesetzliche Forderungsübergang entspricht in seiner Konstruktion dem Übergangsanspruch nach § 774 I 1 BGB.)

10.2 Zeitpunkt und Umfang des Übergangsanspruchs

Der Forderungsübergang findet erst mit der **„Befriedigung"** des Rechtsanwalt durch die Staatskasse statt und dabei geht der Anspruch in dem Zustand über, wie er zu diesem Zeitpunkt bestand. Zu beachten ist: Nach § 401 BGB gehen daneben auch etwa bestehende Sicherungsrechte auf die Staatskasse über. **146**

10.2.1 Inanspruchnahme des Prozeßgegners durch die Staatskasse

Der beigeordnete Rechtsanwalt kann vom erstattungspflichtigen **Gegner** im eigenen Namen seine volle Vergütung beitreiben, §§ 91 I, II 1, 126 I ZPO. Macht der Anwalt von dieser Befugnis keinen Gebrauch, nimmt er eben die Staatskasse **zuerst** in Anspruch, so findet der Forderungsübergang auf die Staatskasse im Umfang der **gegnerischen Ersatzpflicht** statt. Anders ausgedrückt: Insoweit den Gegner im Verhältnis zur PKH-Partei eine Erstattungspflicht trifft, kann die Staatskasse gegen ihn eine entsprechende Forderung erheben. Der Umfang des Übergangsanspruchs wird dabei maßgeblich von der **gerichtlichen Kostenentscheidung** oder der **Kostenübernahmeregelung** in einem **gerichtlichen Vergleich und** der Erstattungsregel des § 91 ZPO geprägt. Denn: sind etwa die Kosten nach Quoten verteilt, so ist der Erstattungsbetrag, errechnet im Wege des Kostenausgleichs nach § 106 ZPO, natürlich entsprechend „abgemagert". Zu beachten ist auch: Der Übergangsanspruch betrifft seiner Natur nach immer **außergerichtliche Kosten** der Partei, die Bestimmungen des Gerichtskostenrechts, insbesondere also die Haftungstatbestände (vgl. §§ 49, 54 GKG), sind darauf nicht anwendbar. **147**

10.2.2 Inanspruchnahme der hilfebedürftigen Partei durch die Staatskasse

Soweit die Staatskasse eine Vergütung an den beigeordneten Rechtsanwalt zahlt, geht auch der Anspruch des Anwalts **gegen seine Partei** auf die Staatskasse über. Die Realisierung dieses Anspruchs unterliegt allerdings den Maßgaben des Bewilligungsbeschlusses, d. h.: Die Staatskasse kann auf die Partei nur dann Zugriff nehmen, wenn dieser **Zahlungen** aufgegeben sind (vgl. § 120 I ZPO). **148**

10.3 Keine Benachteiligung des beigeordneten Rechtsanwalts; Rangfolge

149 Abs 1 S 2 verbietet der Staatskasse, den Übergangsanspruch zum **Nachteil** des beigeordneten Rechtsanwalts geltend zu machen, die Vorschrift gewährt damit den Ansprüchen des Anwalts den **Vorrang.** Aus dieser Rangordnung folgt: Verbleibt nach der Erstattung der Vergütung aus der Staatskasse zu den Regelgebühren eine Deckungslücke, dann kann der Anwalt den Erstattungsanspruch gegen den Gegner (§§ 91 I, 126 ZPO) in Höhe des Differenzbetrages vorrangig beanspruchen; ein Forderungsübergang auf die Staatskasse findet dann insoweit nicht statt.

Dazu folgendes **Beispiel:**

In einem Rechtsstreit stehen dem beigeordneten Rechtsanwalt Vergütungsansprüche gegen die Staatskasse in Höhe von 1800,– DM zu. Als Wahlanwalt würde er 2000,– DM erhalten. Der Gegner ist zur Kostentragung verurteilt; Erstattungsanspruch der PKH-Partei an ihn: 2000,– DM.

Ergebnis:

a. Vergütung des Wahlanwalts (§ 11 BRAGO)	2000,– DM
Vergütung des beigeordneten Anwaltes (§ 123 BRAGO)	1800,– DM
Deckungslücke	200,– DM
b. Aufteilung des Erstattungsanspruchs der PKH-Partei gegen den Gegner (§§ 91 I, 126 ZPO, § 130 I BRAGO):	2000,– DM
– an 1. Rangstelle gebühren dem beigeordneten Anwalt	200,– DM
– an 2. Rangstelle gehen auf die Staatskasse über	1800,– DM

10.4 Geltendmachung des Übergangsanspruchs

150 Für die **Geltendmachung** des Anspruchs sind die **Vorschriften** über die **Einziehung der Kosten des gerichtlichen Verfahrens** sinngemäß anzuwenden, Abs 2. Die Gerichtskasse fordert also den Erstattungsbetrag vom Zahlungspflichtigen per Kostenrechnung nach den Bestimmungen der JBeitrO ein und treibt diesen notfalls im Verwaltungszwangsverfahren bei; Vollstreckungstitel ist dann die Gerichtskostenrechnung.

Zu beachten ist aber: Auch Abs 2 ändert nichts an der Rechtsnatur des Anspruchs, er betrifft **außergerichtliche** Parteikosten.

Teil III
Die Kostenerstattung und die Kostenfestsetzung
(§§ 91, 103–107 ZPO)

1 Vorbemerkung

1.1 Kostenerstattung und Kostenfestsetzung bei bewilligter Prozeßkostenhilfe

Als oberster Grundsatz gilt, daß die Bewilligung der Prozeßkostenhilfe **keinen** Einfluß auf die Kostenerstattungsverpflichtungen zwischen den Parteien hat (vgl. § 123 ZPO). Daraus folgt: Nach rechtskräftigem Abschluß des Rechtsstreits sind für die PKH-Partei im Verhältnis zum Prozeßgegner die **Grundregeln der §§ 91 ff. ZPO** und zwar **ohne** jede Rücksicht auf die bewilligte Hilfe maßgebend. 151

Für den **beigeordneten Rechtsanwalt** erlangen im Falle des Obsiegens der hilfebedürftigen Partei die prozessualen Erstattungs- und Festsetzungsregeln Bedeutung, denn: nun kann ein Kostenerstattungsanspruch gegen den ersatzpflichtigen Gegner im eigenen Namen geltend gemacht (vgl. § 126 ZPO) und damit eine zu den Regelgebühren verbliebene Deckungslücke „aufgefüllt" werden. Im Hinblick auf den gesetzlichen Forderungsübergang nach § 130 I BRAGO sind die Kostenerstattungsregeln schließlich auch für die **Staatskasse** von grundlegender Bedeutung. Ziffernmäßig berechnet wird der Erstattungsbetrag im Kostenfestsetzungsverfahren nach §§ 103 ff. ZPO.

1.2 Grundbegriffe des Prozeßkostenrechts

1.2.1 Prozeßkosten

Als **Prozeßkosten** werden die Aufwendungen der Parteien für die Prozeßführung bezeichnet. Dabei ist zu differenzieren zwischen Prozeßkosten als 152
- **Gerichtskosten** einerseits und
- **außergerichtlichen Kosten** andererseits.

1.2.1.1 Gerichtskosten

Im bürgerlichen Rechtsstreit entstehen Gerichtskosten nach dem Gerichtskostengesetz (GKG) und zwar in Form von 153
- **Gebühren** und
- **Auslagen**

(Vgl. die Definition in § 1 I GKG)

Die **Gebühren** werden als eine Art öffentlich-rechtliche Justizsteuer und zwar als Gegenleistung für die Inanspruchnahme der staatlichen Ge- 154 richte erhoben. Als **Auslagen** fallen daneben die geldwerten Aufwendungen der Staatskasse, z.B. für die Entschädigung der Zeugen und Sachverständigen, an. Die Gebühren und Auslagen (Kosten) werden nach einem Kostenverzeichnis (KV) zum GKG angesetzt und durch die Gerichtskasse eingezogen. Wer **Kostenschuldner** ist, d.h. wer für die Gerichtskosten haftet, ist nicht in der ZPO, sondern in den §§ 49–69 GKG geregelt. In den „Kreislauf" der Kostenerstattung gelangen die Gerichtskosten dann, wenn die obsiegende Partei bereits – meist vorschußweise nach §§ 65, 68 GKG – Gerichtskosten bezahlt hat. Denn: auch durch eine günstige gerichtliche Kostenentscheidung wird im Verhältnis zur Staatskasse die Kostenschuld des „Siegers" nicht beseitigt (vgl. z.B. § 49 GKG), bereits bezahlte Beträge werden folglich nicht zurückerstattet. Aber: Den unterlegenen Prozeßgegner trifft nun im Verhältnis der Parteien zueinander die endgültige Erstattungspflicht, § 91 I ZPO.

1.2.1.2 Außergerichtliche Kosten

155 Als wesentlicher Teil der Prozeßkosten sind hier auch noch die **außergerichtlichen Kosten** „anzusiedeln". Darunter fallen insbesondere: Kosten (Gebühren und Auslagen) für die durch die Partei mandierten Rechtsanwälte nach der BRAGO und die Aufwendungen der Partei selbst, z.B. an Reisekosten und Verdienstausfall für Terminswahrnehmungen sowie die Gerichtsvollzieherkosten nach dem GVKostG.

1.2.2 Der Kostenerstattungsanspruch

156 Dem Regelungsbereich des Gerichtskostenrechts über die – öffentlichrechtliche – Kostenschuld unterliegt nur das Verhältnis zwischen dem Kostenschuldner einerseits und der Staatskasse andererseits. Das Verhältnis der Prozeßparteien zueinander und insbesondere ihre Verpflichtung die Prozeßkosten **endgültig** zu tragen, ist ausschließlich in der ZPO gestaltet (vgl. §§ 91 ff.) und wird als **„Kostenerstattung"** bezeichnet. Voraussetzung dafür, daß der Gegner für die entstandenen Prozeßkosten ersatzpflichtig gemacht werden kann, ist ein Kostenerstattungsanspruch. Dieser **prozessuale Kostenerstattungsanspruch** ist privatrechtlicher Natur (h.M.), entspringt dem zwischen den Parteien bestehenden **Prozeßrechtsverhältnis** und ist abschließend in der ZPO geregelt. Er entsteht als

- **aufschiebend bedingter Anspruch** mit der Rechtshängigkeit (Bedingung ist der Erlaß einer Kostenentscheidung zu Lasten des Gegners), in diesem Stadium ist der Anspruch schon abtretbar und pfändbar
- **auflösend bedingter Anspruch** mit dem Erlaß der Kostenentscheidung (Bedingung ist die Aufhebung der Entscheidung)
- **unbedingter Anspruch** mit der Rechtskraft der Kostenentscheidung, der Wirksamkeit eines Prozeßvergleichs oder kraft Gesetzes, z.B. nach §§ 269 III, 515 III ZPO.

Der prozessuale Kostenerstattungsanspruch kann **nur** in dem Rechtsstreit, bzw. Verfahren, in dem er entstanden ist und zwar in einem **Kostenfestsetzungsverfahren** geltend gemacht werden; eine eigenständige Klage wäre unzulässig. Der Anspruch verjährt in 30 Jahren (§§ 195, 218 BGB).

Von dem prozessualen ist der **materiell-rechtliche Kostenerstattungsanspruch** zu unterscheiden: So werden Schadensersatzansprüche zwischen den Parteien bezeichnet, die ausschließlich im materiell-rechtlichen Bereich angesiedelt sind. Meist handelt es sich dabei um Ansprüche aus der – verschuldensabhängigen – Verzugshaftung (vgl. § 286 BGB). In „Berührung“ mit dem prozessualen Kostenerstattungsanspruch kann er dann kommen, wenn die Kosten im Vorfeld eines Rechtsstreits, also im außerprozessualen Bereich, entstanden sind. Der materiell-rechtliche Kostenerstattungsanspruch kann mit der **Klage** im Wege der Klagehäufung (§ 260 ZPO) geltend gemacht werden, nicht aber im Kostenfestsetzungsverfahren nach §§ 103 ff. ZPO. **Ausnahme:** Aus prozeßökonomischen Gründen läßt die Rechtsprechung zu, daß sog. **„Vorbereitungskosten“,** das sind Aufwendungen der Parteien, die vorprozessual gerade im Hinblick auf einen späteren Rechtsstreit angefallen sind – z. B. Kosten für ein Privatgutachten –, im Kostenfestsetzungsverfahren geltend gemacht werden. Die Erstattungsfähigkeit der Vorbereitungskosten richteten sich **dann** aber nach den Regeln des, den prozessualen Kostenerstattungsanspruch „beherrschenden“, § 91 ZPO. 157

1.2.3 Die gerichtliche Kostenentscheidung

Jede gerichtliche Entscheidung hat grundsätzlich **von Amts wegen** einen Ausspruch über die Kostentragung zu enthalten (§ 308 II ZPO; Ausnahmen z. B.: Teilurteile und Zwischenurteile nach § 304 ZPO). Fehlt die Kostenentscheidung, so ist sie nachzuholen, (§ 321 ZPO). Welche Partei die Kostentragungspflicht trifft bestimmen die §§ 91–101 ZPO, ergänzt durch im Gesetz zahlreich verstreute Sondervorschriften (z. B.: §§ 281 III, 269 III, 696 V ZPO). Mit dem Erlaß der Kostenentscheidung wird nun für die belastete Partei eine **Erstattungsverpflichtung** im Verhältnis zur obsiegenden Partei begründet. Der Umfang (Höhe) dieses Kostenerstattungsanspruchs allerdings wird nicht in der Kostenentscheidung selbst, sondern erst im **Kostenfestsetzungsverfahren** nach §§ 103 ff. ZPO festgestellt. Die gerichtliche Kostenentscheidung bezeichnet man daher auch als **Kostengrundentscheidung.** Vereinbarungen über die Kostentragung können die Parteien nur im Innenverhältnis mit bindender Wirkung abschließen, das Gericht hat ausschließlich nach den Regeln der §§ 91 ff. ZPO zu entscheiden. Ausnahme: § 93 a I 3 ZPO in Ehesachen. 158

(**Hinweis:** Die gerichtliche Kostenentscheidung ist isoliert nicht anfechtbar, § 99 I ZPO).

1.2.4 Die Kostenfestsetzung

Wie dargestellt bestimmt die gerichtliche Kostengrundentscheidung, **welche der Parteien** die Kosten zu tragen hat. 159

Sie lautet z. B.: „der Beklagte hat die Kosten des Rechtsstreits zu tragen“ oder „von den Kosten des Rechtsstreits trägt der Kläger ⅓ und der Beklagte ⅔“.

Aufgabe des Kostenfestsetzungsverfahrens (§§ 103–107 ZPO) ist es nun, den zu erstattenden Betrag **ziffernmäßig** festzulegen und schließlich mit dem **Kostenfestsetzungsbeschluß** dem prozessualen Kostenerstattungsanspruch einen zur Zwangsvollstreckung geeigneten **Titel** zu verschaffen (vgl. § 794 I Nr 2 ZPO).

2 Grundsatz und Umfang der Kostenpflicht, § 91 ZPO

2.1 Kostenpflicht der unterlegenen Partei

2.1.1 Allgemeines

160 Die **unterliegende** Partei hat die Kosten des Rechtsstreis zu tragen, Abs 1 S 1. Dabei spielt es keine Rolle, ob die Partei freiwillig – z. B. durch Anerkenntnis – oder erst nach streitigem Verfahren unterliegt. Ohne Einfluß auf die Kostenentscheidung ist auch, daß etwa der Unterliegende nicht geschäftsfähig und damit nicht prozeßfähig ist. Ausnahmen vom Grundsatz des Abs 1 S 1, also davon, daß den Unterliegenden die Kostentragungspflicht trifft, enthalten z. B. §§ 281 III, 344 ZPO. Die Kostenentscheidung, die von Amts wegen erfolgt (§ 308 II ZPO) und nachgeholt werden kann (§ 321 ZPO), **bindet** die Kostenfestsetzungsinstanz. D. h.: Die Festsetzungsinstanz – Rechtspfleger – ist nicht befugt, eine etwa falsche Kostenentscheidung im Festsetzungsverfahren zu korrigieren.

Beispiel:
In der gerichtlichen Kostenentscheidung wurde übersehen, die Kosten der Säumnis der säumigen Partei gesondert aufzuerlegen (§ 344 ZPO).

161 Im Rahmen der Kostenfestsetzung kann dieser Fehler nun nicht etwa dergestalt berichtigt werden, daß die Säumniskosten – meist eine halbe Verhandlungsgebühr des Anwalts nach §§ 33 I 1, 38 II BRAGO, nebst Auslagenpauschale und Mehrwertsteuer – ausgegliedert werden.

2.1.2 Kosten des Rechtsstreits

162 Die **unterliegende** Partei hat die „Kosten des Rechtsstreits" zu tragen: Zum Rechtsstreit gehört das **gesamte** Verfahren von der Klageeinreichung bis zur Urteilszustellung. Einzelne „Etappen" des Rechtsstreits sind insbesondere: das Mahnverfahren (§ 696 V 2 ZPO), das Verfahren zur Bestimmung des zuständigen Gerichts bei einem Kompetenzkonflikt (§§ 36, 37 ZPO), das Rechtsmittelverfahren, die einstweiligen Anordnungsverfahren (§§ 620 ff. ZPO), das Beweissicherungsverfahren.

Nicht von der Kostenentscheidung des Rechtsstreits erfaßt werden aber: das vorangegangene Arrest- und einstweilige Verfügungsverfahren, das Zwangsvollstreckungsverfahren (für die Kosten der Zwangsvollstreckung gilt ohnehin als Sondertatbestand § 788 ZPO) und ferner auch die Kosten, die zur Abwendung des Rechtsstreits aufgebracht wurden (z. B. Inkassokosten oder Kosten für Mahnschreiben), diese sind aufgrund von materiell-rechtlichen Kostenerstattungsansprüchen mit der Klage geltend zu machen.

2.1.3 Die Kostenerstattung

„Die unterliegende Partei hat die Kosten des Rechtsstreits zu tragen, insbesondere die dem Gegner erwachsenen Kosten zu erstatten", § 91 I 1 ZPO. 163

Der **Umfang** dieses **prozessualen Erstattungsanspruchs** wird aber entscheidend **eingegrenzt:** Zu erstatten sind die Kosten des Rechtsstreits nämlich nur insoweit, als sie zur **zweckentsprechenden Rechtsverfolgung** (beim Kläger) oder **Rechtsverteidigung** (beim Beklagten) **notwendig** waren. Daraus folgt: Die Prozeßparteien trifft eine **Kostengeringhaltungspflicht,** sie haben die Kosten der Prozeßführung so gering wie möglich zu halten, wie sich dies mit einer die Parteirechte wahrenden Prozeßführung vereinbaren läßt. Anders ausgedrückt: Notwendig und damit erstattungsfähig sind die Kosten für eine Handlung nur dann, wenn deren Vornahme nach Anlegung eines objektiven Maßstabes sachdienlich war. Nicht notwendige Kosten braucht der Unterlegene nicht zu erstatten, darüber wird letztlich im Kostenfestsetzungsverfahren entschieden (§ 103 ff. ZPO).

2.1.3.1 Die Erstattungsfähigkeit

Grundsätzlich ist die Notwendigkeit und damit die Erstattungsfähigkeit jeder Kostenposition im konkreten Einzelfall an den Gesamtumständen des Rechtsstreits (z.B. Dauer, Schwierigkeitsgrad des Prozeßstoffes) zu messen. Zu erstatten sind immer nur **tatsächlich** angefallene Kosten. (Ausnahme: Sog. „fiktive Kosten" können nur dann, wenn sie durch andere tatsächlich angefallene Kosten erspart worden sind, angesetzt werden). 164

Die Rechtsprechung zur Erstattungsfähigkeit ist unüberschaubar, es darf hier auf das einschlägige Schrifttum zu § 91 ZPO verwiesen werden (z.B.: Zöller/Schneider, Thomas/Putzo, Baumbach/Hartmann).

Einige Einzelfälle: 165

Als **notwendig** sind grundsätzlich folgende Kosten des Rechtsstreits zu qualifizieren:

- **Gerichtskosten:** 166
  Soweit die obsiegende Partei aufgrund ihrer Kostenschuld, meist vorschußweise, Beträge an die Staatskasse bezahlt hat, sind ihr diese zu erstatten.
- **Kosten eines Prozeßbevollmächtigten:** 167
  Die Gebühren und Auslagen **eines** Rechtsanwalts sind in allen Prozessen zu erstatten und zwar in Höhe der gesetzlichen Vergütung nach der BRAGO, § 91 II 1 ZPO. Im folgenden einige Hinweise zu den **Reisekosten** des Prozeßbevollmächtigten für Reisen zum Prozeßgericht.
  Bei der Beurteilung der Erstattungsfähigkeit dieser Kosten ist folgendes zu beachten: 168

a. Ist der Anwalt beim Prozeßgericht **nicht zugelassen** und am Ort des Prozeßgerichts auch **nicht wohnhaft,** so sind die Reisekosten vom Unterlegenen nur dann zu erstatten, wenn die Zuziehung gerade dieses Anwalts zur zweckentsprechenden Rechtsverfolgung oder Rechtsverteidigung notwendig war, Fall des Abs 2 S 1. Notwendig wird die Zuziehung nur dann sein, wenn beim Prozeßgericht entweder kein Anwalt oder nur ein Anwalt, der aber bereits die Gegenpartei vertritt, zugelassen ist (vgl. dazu auch die hier „entlehnte" Erstattungsregelung in § 126 I 2 Hs 2 BRAGO).

b. Ist der Rechtsanwalt zwar beim Prozeßgericht **zugelassen,** aber **nicht** an dem Ort an dem sich das Prozeßgericht befindet **wohnhaft** (sog. „auswärtiger Anwalt"), so sind die Reisekosten als Mehrkosten grundsätzlich nicht erstattungsfähig, Fall des Abs 2 S 2. (Ausnahme: Erstattbar können die Reisekosten im Einzelfall jedoch in Höhe von eingesparten fiktiven Reisekosten der ebenfalls auswärtigen Partei zu einem ortsansässigen Rechtsanwalt sein.)

169 – **Kosten des Verkehrsanwalts** (Korrespondenzanwalt, vgl. auch § 52 BRAGO):

Hat die obsiegende Partei einen zusätzlichen Anwalt in der Funktion eines Verkehrsanwalts mandiert – das ist der Anwalt, der für die auswärtige Partei die Information mit dem am Ort des Prozeßgerichts residierenden Prozeßbevollmächtigten führt –, so sind diese Mehrkosten grundsätzlich nicht erstattungsfähig. Die h. M. läßt im Tatsachenrechtszug von diesem Erstattungsverbot nur dann eine Ausnahme zu, wenn die konkreten Einzelumstände (z. B. Dauer, Umfang, Schwierigkeitsgrad des Rechtsstreits) die Zuziehung eines Verkehrsanwalts zur zweckentsprechenden Rechtsverfolgung oder Rechtsverteidigung erfordern (aber strenge Anforderungen!). Erstattungsfähig werden die Verkehrsanwaltskosten regelmäßig jedoch in der Höhe sein, als der Partei gerade durch die Zuziehung des weiteren Anwalts andere Kosten erspart geblieben sind. Denn: nach der h. M. kann die Partei grundsätzlich in jedem Tatsachenrechtszug mindestens eine **Informationsreise** zu ihrem Prozeßbevollmächtigten unternehmen. Werden durch die Zuziehung des Verkehrsanwalts nun aber Kosten für eine solche Informationsreise eingespart, so können die Verkehrsanwaltskosten in Höhe der fiktiven Kosten hierfür erstattungsfähig sein.

Beispiel:

Die obsiegende Partei wohnt in Hamburg. Sie hat beim Prozeßgericht in München einen Prozeßbevollmächtigten (§§ 81 ff. ZPO) und in Hamburg einen Verkehrsanwalt (§ 52 BRAGO) mandiert. Der Rechtsstreit, Streitwert 5000,– DM, war durchschnittlich gelagert.
Kosten einer fiktiven Informationsreise der Partei: 300,– DM.

Zur Kostenfestsetzung werden u. a. auch die Kosten des Verkehrsanwalts beantragt mit:

1. 10/10 Gebühr aus 5000,– DM, § 52 BRAGO	265,– DM
2. Auslagenpauschale, § 26 BRAGO	30,– DM
3. Mehrwertsteuer, § 25 II BRAGO	41,30 DM
Summe:	336,30 DM

Erstattungsfähigkeit:

Zwar sind die Verkehrsanwaltskosten bei einem nur durchschnittlich gelagerten Rechtsstreit nicht erstattungsfähig. Aber: durch die Zuziehung gerade des weiteren Anwalts sind der Partei die Kosten einer Informationsfahrt von Hamburg nach München erspart geblieben. Die Verkehrsanwaltskosten sind somit in Höhe der fiktiven Reisekosten, also mit 300,– DM, erstattungsfähig. (Die Reisekosten werden nach Maßgabe der Bestimmungen des ZuSEG errechnet.)

- **Mehrere Rechtsanwälte:** 170
  Läßt sich die obsiegende Partei durch mehrere Rechtsanwälte vertreten, so beschränkt Abs 2 S 3 die Erstattungspflicht des Unterlegenen. Die Kosten mehrerer Rechtsanwälte sind nämlich nur insoweit zu erstatten, als sie die Kosten eines Rechtsanwalts nicht übersteigen. Eine Ausnahme wird nur dann zugelassen, wenn in der Person des ersten Rechtsanwalts ein Wechsel eintreten mußte, den weder die Partei noch der Anwalt verschuldet haben; (Abs 2 S 3 bringt damit das Gebot der Kostengeringhaltung in besonderer Weise zum Ausdruck.) Als Fälle mit solchem Ausnahmecharakter kommen z. B. in Betracht: der Tod oder eine lang dauernde Krankheit des ersten Rechtsanwalts.
- **Anwaltswechsel bei Verweisung oder Abgabe:** 171
  Bei der Verweisung oder der Abgabe des Verfahrens mit nachfolgendem Anwaltswechsel gilt: Grundsätzlich ist hier die Erstattungsfähigkeit zusätzlicher Kosten zu bejahen; aber: die Kostengrundentscheidung hat die Mehrkosten nach § 281 III ZPO dem Verursacher aufzuerlegen; Ausnahme: § 696 V 3 ZPO.
  (Dieser Grundsatz gilt bei der Abgabe nach vorangegangenem Mahnverfahren aber dann nicht, wenn der letztlich obsiegende Mahnantragsteller mit einem Widerspruch des unterlegenen Antragsgegners **rechnen** mußte, die Abgabe also **vorherzusehen** war, h. M.)
- **Anwalt in eigener Sache:** 172
  In eigener Sache hat der Rechtsanwalt Anspruch auf Erstattung der Vergütung eines bevollmächtigten Anwalts, Abs 2 S 4.
- **Parteikosten:** 173
  Die Kosten, die der Partei selbst entstehen, sind nach Maßgabe der Bestimmung des ZuSEG erstattungsfähig, Abs 1 S 2. In Betracht kommen z. B.: Fahrtkosten, Verdienstausfall und Aufwandsentschädigung. Notwendig und damit erstattbar sind die Kosten insbesondere dann, wenn das persönliche Erscheinen der Partei gerichtlich angeordnet war oder die Anwesenheit im Termin geboten erschien (z. B. umfangreicher und verwickelter Prozeßstoff).

3 Kostenfestsetzung, §§ 103, 104 ZPO

3.1 Allgemeines

Wie bereits dargelegt, kann der prozessuale Kostenerstattungsanspruch 174
alleine im Kostenfestsetzungsverfahren geltend gemacht werden, eine eigenständige Klage wäre unzulässig. Ausgangsbasis ist dabei die gerichtliche Kostengrundentscheidung, die nun im **Höheverfahren** betragsmäßig „belebt“ wird.

3.2 Voraussetzungen; Vollstreckungstitel

175 Nach § 103 I ZPO kann der prozessuale Erstattungsanspruch nur auf Grund eines zur **Zwangsvollstreckung geeigneten Titels** geltend gemacht werden. Als Festsetzungsgrundlage kommen dafür insbesondere alle Titel nach §§ 704, 794 ZPO in Betracht, also: vorläufig vollstreckbare oder rechtskräftige Urteile und gerichtliche (nicht auch außergerichtliche) Vergleiche. Der Titel muß bestehen, er darf nicht aufgehoben sein und muß eine Kostengrundentscheidung enthalten. Der Festsetzung steht nicht entgegen, daß der Titel in der Hauptsache nicht vollstreckbar ist (z.B. Feststellungsurteile oder Klageabweisungen). Da die Kostenfestsetzung keine Zwangsvollstreckungshandlung darstellt, setzt sie folglich nicht das Vorliegen der allgemeinen und besonderen Vollstreckungsvoraussetzungen – z.B. Vollstreckungsklausel oder Sicherheitsleistung – voraus und wird auch nicht von einer Einstellung der Zwangsvollstreckung aus dem Titel tangiert.

3.2.1 Aufhebung oder Abänderung des Hauptsachetitels

176 Die Kostengrundentscheidung und die Entscheidung im Höheverfahren sind untrennbar miteinander verflochten, der **Festsetzungsbeschluß steht und fällt mit dem Titel.** Wird der Hauptsachetitel oder auch nur seine Kostengrundentscheidung aufgehoben oder abgeändert, so wird das gesamte Festsetzungsverfahren **gegenstandslos** und ein etwa bereits erlassener Festsetzungsbeschluß **wirkungslos.** (Lediglich zur Klarstellung – deklaratorisch – kann der Festsetzungsbeschluß dann aufgehoben werden.)

3.3 Das Festsetzungsgesuch

177 Das Kostenfestsetzungsverfahren wird auf **Antrag** (Gesuch) eingeleitet, § 103 II ZPO. Der Antrag kann schriftlich eingereicht werden oder zu Protokoll des Urkundsbeamten der Geschäftsstelle erklärt werden. Antragsbefugt ist der Kostengläubiger, d.h. derjenige, der nach dem Titel erstattungsberechtigt ist. Einem Dritten steht die Antragsbefugnis nur dann zu, wenn der Titel ihn als Rechtsnachfolger des Erstattungsgläubigers ausweist, §§ 325, 727 ZPO; über § 126 ZPO ist auch der beigeordnete Rechtsanwalt zur Antragstellung befugt. Der Festsetzungsantrag hat eine Aufstellung der Prozeßkosten nach Grund und Betrag zu enthalten. Die einzelnen Aufwendungen sind durch entsprechende Belege zu rechtfertigen, § 103 II 2 ZPO (vgl. dazu auch § 18 BRAGO). Eine Antragsfrist ist nicht vorgeschrieben, das Antragsrecht kann jedoch verwirkt werden. Zuständig zur Entscheidung über das Gesuch ist ausschließlich das Prozeßgericht des ersten Rechtszuges und zwar für die Kosten sämtlicher Instanzen. Funktionell zuständig ist der Rechtspfleger, § 21 I Nr 1 RpflG.

3.4 Das Festsetzungsverfahren

3.4.1 Verfahren vor dem Rechtspfleger

Der Rechtspfleger hat vor seiner Entscheidung über den Festsetzungs- **178** antrag grundsätzlich dem **Gegner rechtliches Gehör** zu gewähren, Art 103 GG. Im Verfahren können alle angebotenen Beweise erhoben werden, insbesondere können schriftliche Erklärungen der Beteiligten und des Gerichts eingeholt werden; Anwaltszwang besteht nicht, § 13 RpflG.

3.4.2 Prüfungsumfang

Die **Antragsprüfung** wird sich insbesondere auf das Vorliegen der Vor- **179** aussetzungen des § 103 ZPO (Titel, Kostengrundentscheidung) erstrecken. Dazu kommt: Der Rechtspfleger prüft jeden einzelnen Posten darauf, ob die Maßnahme auch zur zweckentsprechenden Rechtsverfolgung oder Rechtsverteidigung **notwendig** war (§ 91 I ZPO) und, ob die angesetzten Kosten auch im vorliegenden Rechtsstreit entstanden sind. Da nur die **gesetzliche Vergütung** eines Rechtsanwalts erstattungsfähig ist, § 91 II 1 ZPO, sind die angesetzten Gebühren des Anwalts der obsiegenden Partei darauf zu „untersuchen", ob sie im vorliegenden Rechtsstreit tatsächlich entstanden sind und, ob die Gebühren nach Gebührensatz- z.B. $^{5}/_{10}$ statt $^{10}/_{10}$ – und Streitwert auch richtig berechnet wurden. Ist zweifelhaft, ob etwa eine Erörterung im Verhandlungstermin stattfand oder ob eine Beweisanordnung erfolgte, so kann der Rechtspfleger auch eine **Auskunft des Gerichts** einholen. Jeder **Auslagenansatz** muß **glaubhaft** gemacht sein (§§ 104 II, 294 ZPO). Lediglich hinsichtlich der einem Rechtsanwalt erwachsenen Auslagen an Post-, Telegraphen- und Fernsprechgebühren genügt die **Versicherung,** daß diese Auslagen entstanden sind, § 104 II 2 ZPO; wird allerdings deren Notwendigkeit bestritten, so ist die Höhe glaubhaft zu machen.

Der Prüfungspflicht des Rechtspflegers unterliegt aber nicht, ob etwa die **Kostengrundentscheidung richtig** ist (z.B. ob die §§ 344, 281 III 2 ZPO wegen der Mehrkosten beachtet wurden) und, ob dem prozessualen Kostenerstattungsanspruch **materiell-rechtliche Einwendungen** entgegenstehen.

3.5 Der Kostenfestsetzungsbeschluß

3.5.1 Form; Inhalt

Ist der Festsetzungsantrag zulässig und begründet, dann ergeht die Ent- **180** scheidung in der Form eines **Kostenfestsetzungsbeschlusses.** Der Beschluß hat als eigenständiger Vollstreckungstitel (§ 794 I Nr 2 ZPO) ein vollständiges Rubrum zu enthalten, den Hauptsachetitel genau zu bezeichnen und ferner den Gesamtbetrag der festgesetzten Kosten anzugeben. Der Beschluß ist insbesondere dann zu begründen, wenn das Gesuch ganz

oder teilweise – z.B. wegen einzelner Posten – zurückgewiesen wird. Steht der Erstattungsbetrag mehreren Personen zu oder sind mehrere Personen erstattungsverpflichtet, so ist anzugeben, ob es sich dabei um Gesamtgläubiger oder Gesamtschuldner handelt. Ist die Vollstreckung nach dem Haupttitel nur gegen Sicherheitsleistung zulässig oder kann der Schuldner die Vollstreckung gegen Sicherheitsleistung abwenden, dann müssen die angeordneten Maßgaben der §§ 709–712 ZPO auch in den Kostenfestsetzungsbeschluß aufgenommen werden. Im Regelfall entstehen im Festsetzungsverfahren weder Gerichts- noch Anwaltsgebühren, eine Kostenentscheidung ist daher meist entbehrlich. Auf Antrag ist noch
181 auszusprechen, daß der festgesetzte Betrag ab Antragseingang mit 4% zu **verzinsen** ist, § 104 I 2 ZPO. Wurde vergessen die Verzinsung zu beantragen, so kann diese jederzeit, auch noch nach Rechtskraft des Festsetzungsbeschlusses, nachgeholt werden. Der Kostenfestsetzungsbeschluß ist dem Erstattungsschuldner von Amts wegen **zuzustellen,** § 104 I 3 ZPO. Die Bekanntmachung hat dabei grundsätzlich immer an den **Prozeßbevollmächtigten,** und zwar an den in erster Instanz bestellten, zu erfolgen (§ 176 ZPO). Nach Rücklauf des Zustellungsnachweises wird dem Gläubiger eine vollstreckbare Ausfertigung erteilt und der Tag der Zustellung an den Schuldner wegen § 798 ZPO (Wartefrist) darauf vermerkt.

3.5.2 Rechtskraft, Nachliquidation

182 Der Kostenfestsetzungsbeschluß erwächst in **formelle und in materielle Rechtskraft** (§§ 322, 705 ZPO). Dabei erstreckt sich die materielle Rechtskraft **nur** auf die festgesetzten oder abgesetzten Einzelposten und **nicht** auf den Gesamtbetrag, h.M. Dies bedeutet: Eine sog. **Nachliquidation** übersehener, also ursprünglich nicht geltend gemachter, Prozeßkosten ist jederzeit **zulässig.** In diesem Zusammenhang ist auch zu beachten, daß der Rechtspfleger durchaus zur **Auswechslung** von Posten befugt ist, d.h.: an die Stelle von tatsächlich entstandenen aber nicht erstattungsfähigen Kosten kann er nicht entstandene aber erstattungsfähige Kosten, an die Stelle von nicht entstandenen Gebühren kann er entstandene aber nicht beantragte Gebühren, festsetzen.

Beispiele:
a. Beantragt ist die Festsetzung der Vergütung eines Verkehrsanwalts. War die Zuziehung des Verkehrsanwalts nicht notwendig (§ 91 ZPO), so ist der Ansatz nicht schlechthin zu streichen, sondern: an die Stelle können die fiktiven Kosten einer Informationsreise der Partei gesetzt werden.
b. Oder: Beantragt ist die Festsetzung einer anwaltlichen Beweisgebühr. Ist eine Beweisgebühr nicht entstanden, so kann sie durchaus mit einer tatsächlich entstandenen aber nicht beantragten Verhandlungsgebühr ausgewechselt werden.

183 **§ 308 I ZPO** steht einer solchen Auswechslung nicht entgegen, denn diese Bestimmung gilt **nur** für den **Gesamtbetrag** der zur Festsetzung beantragten Kosten, allg. M. Sind also z.B. Prozeßkosten im Gesamtbetrage von 1000,– DM zur Festsetzung beantragt worden, so können Einzelposten ausgewechselt werden, der Gesamtbetrag in Höhe von 1000,– DM

stellt dann allerdings das **obere Limit** dar. (Eine Abänderungsbefugnis – trotz materieller Rechtskraft – enthält zudem § 107 ZPO im Falle nachträglicher Streitwertänderung.)

3.5.3 Die Erinnerung

Gegen die Entscheidung des Rechtspflegers findet die **Erinnerung** statt. **184**
Der Rechtsbehelf kann schriftlich eingelegt oder zu Protokoll des Urkundsbeamten der Geschäftsstelle erklärt werden.

3.5.3.1 Unbefristete Erinnerung

Die **Erinnerung** ist dann **unbefristet,** wenn der Rechtspfleger das Ko- **185**
stenfestsetzungsgesuch als **unzulässig** zurückgewiesen hat, z.B., weil die Voraussetzungen des § 103 I ZPO nicht vorlagen (§§ 11 I 1, 21 I Nr 1 RpflG). Hier wurde also keine sachliche Prüfung der Kostenansätze vorgenommen.

3.5.3.2 Befristete Erinnerung

Hat der Rechtspfleger über das Kostenfestsetzungsgesuch hingegen **186**
sachlich entschieden, dann ist die **Erinnerung befristet** und innerhalb einer **Notfrist** von zwei Wochen einzulegen (§ 21 II 1 RpflG).

4 Vereinfachte Kostenfestsetzung, § 105 ZPO

4.1 Allgemeines

Nach Abs 1 ist eine **vereinfachte Kostenfestsetzung** dergestalt zulässig, **187**
daß der Festsetzungsbeschluß auf das Urteil – auch auf ein Versäumnisurteil nach § 331 III ZPO – gesetzt wird. Die Entscheidung ergeht also dann nicht in der Form eines eigenständigen Beschlusses. Entsprechend anwendbar ist das vereinfachte Verfahren auch auf vollstreckbare Beschlüsse und Vergleiche, h.M. Zulässig ist das Verfahren allerdings nur dann, wenn

- noch **keine Urteilsausfertigung** erteilt wurde **und**
- **keine quotenmäßige Verteilung** der Prozeßkosten erfolgte.

Die Verbindung **soll** (Ordnungsvorschrift in Abs 1 S 4) auch dann unterbleiben, wenn dem Gesuch auch nur teilweise nicht entsprochen werden kann.

4.2 Das Verfahren

Beantragt nach der Verkündung der Entscheidung, aber eben **vor** Ertei- **188**
lung einer Ausfertigung, der Erstattungsberechtigte die Kostenfestsetzung, so **kann** (Ermessen) der Rechtspfleger den Festsetzungsbeschluß mit dem Urteil (Urschrift) oder, im Falle der Abkürzung nach §§ 317 IV, 313 b ZPO, mit der Klageschrift (Urschrift) äußerlich verbinden. **Vorteil** für die obsiegende Partei: **keine Wartefrist** (§ 798 ZPO) und **keine besondere Vollstreckungsklausel** (§ 795 a ZPO). Stellt sich die Verbindung aller-

dings als unzweckmäßig oder unzulässig heraus, so kann sie wieder gelöst werden.

4.2.1 Verfahren nach Abs 2

189 Bereits vor der Verkündung des Urteils gestattet Abs 2 schon die Einreichung einer Kostenberechnung, dann wird ein förmliches Gesuch entbehrlich. Die Festsetzung kann dann – sie muß nicht – nach Abs 1 erfolgen; die Verzinsung des Erstattungsbetrages ist aber erst ab Verkündung des Urteils auszusprechen, § 104 I 2 ZPO.

5 Die Kostenausgleichung, § 106 ZPO

5.1 Allgemeines

190 Sind die **Prozeßkosten** ganz oder teilweise nach **Quoten** verteilt, so müßten an sich die gegenseitigen Kostenerstattungsansprüche der Parteien in jeweils getrennten Kostenfestsetzungsverfahren ermittelt werden. Die Vorschrift will diese doppelte Festsetzung ersparen: Die gegenseitigen **Erstattungsansprüche** können nämlich **verrechnet** (ausgeglichen) werden, so daß per Saldo nur ein Erstattungsanspruch übrigbleibt. Nach dem Wortlaut des Abs 1 **muß** („hat") der Rechtspfleger den Kostenausgleich durch(zu)führen, es ist ihm also kein Ermessensspielraum eingeräumt.

5.2 Quotenverteilung

191 Nach Abs 1 ist Voraussetzung für den Kostenausgleich, daß die Prozeßkosten nach Quoten verteilt oder gegeneinander aufgehoben sind. Keine Quotenverteilung liegt dann vor, wenn die Kosten nach Instanzen verteilt sind oder für einzelne Verfahrensetappen ausgegliedert sind (z. B. in den Fällen der §§ 281 III 2, 344 ZPO).

5.3 Das Verfahren

192 Nach Eingang des Antrags einer Partei fordert der Rechtspfleger den Gegner auf, seine Kosten innerhalb einer Frist von einer Woche spezifiziert bekanntzugeben; für die Fristberechnung gelten §§ 222, 224 ZPO. Meldet der Gegner seine Kosten an, so ist nun zu verrechnen und der **Überschuß** festzusetzen. In den Kostenausgleich sind die **gesamten Prozeßkosten,** also außergerichtliche Kosten und Gerichtskosten, einzubringen. Da aber eine Erstattung von Gerichtskosten zwischen den Parteien nur dann in Betracht kommt, wenn eine Partei bereits mehr an die Staatskasse bezahlt hat, als sie letztlich nach der ihr auferlegten Quote als Erstschuldner zu tragen hat, empfiehlt es sich stets, Gerichtskosten und außergerichtliche Kosten im Beschluß voneinander getrennt auszugleichen.

Beispiel:
Die gesamten Gerichtskosten betragen 200,– DM. Vorschußweise (§§ 65, 68 GKG) hat der Kläger bereits 150,– DM bezahlt. Die außergerichtlichen Kosten des Klägers belaufen sich auf 600,– DM, die des Beklagten auf 400,– DM. Von den Kosten des Rechtsstreits tragen der Kläger ¼, der Beklagte ¾.
Kostenausgleich (§ 106 I ZPO):

a. Gerichtskosten:

– die Gerichtskosten betragen		200,– DM
– davon trägt der Kläger ¼		50,– DM
– der Kläger hat bereits bezahlt (Vorschüsse)	./.	150,– DM
Überzahlung		100,– DM

Dieser Betrag wurde auf die Kostenschuld des Beklagten verrechnet und ist daher dem Kläger vom Beklagten zu erstatten. (Da der Kläger gem. §§ 49, 58 I GKG als Veranlasser für sämtliche Verfahrenskosten haftet, erfolgt keine Rückzahlung aus der Staatskasse.)

b. Außergerichtliche Kosten:

– die außergerichtlichen Kosten des Klägers betragen		600,– DM
– die außergerichtlichen Kosten des Beklagten betragen		400,– DM
insgesamt		1000,– DM
– davon trägt der Kläger ¼ mit		250,– DM
– die eigenen Kosten des Klägers betragen	./.	600,– DM
Erstattungsanspruch des Klägers (Saldo) gegen den Beklagten		350,– DM

c. Insgesamt hat der Beklagte an den Kläger somit zu erstatten:

aa. Gerichtskosten	100,– DM
bb. außergerichtliche Kosten	350,– DM
Summe:	450,– DM

Dieser Betrag wird für den Kläger festgesetzt, §§ 91 I, 106 I ZPO.

5.4 Versäumte Frist, Abs 2

Läßt der Gegner die einwöchige Frist verstreichen, so ergeht die Festset- **193**
zungsentscheidung **ohne Rücksicht** auf seine Kosten, d.h. es wird dann eben der Überschuß entsprechend der Quote für den Antragsteller festgesetzt. Der säumige Gegner kann allerdings seine Kosten nachträglich noch festsetzen lassen und einen eigenen (zweiten) Kostenfestsetzungsbeschluß erwirken.

6 Abänderung der Kostenfestsetzung nach Streitwertänderung, § 107 ZPO

6.1 Zweck

Wird nachträglich der Streitwert durch eine gerichtliche Wertfestset- **194**
zung abgeändert, so würde die materielle Rechtskraft des Kostenfestsetzungsbeschlusses einer späteren Abänderung der Festsetzung entgegenste-

hen; ein Antrag mit diesem Ziel wäre somit unzulässig. Diesen Umstand hat Abs 1 im „Auge": Die Bestimmung läßt nämlich eine **streitwertbedingte Korrektur** zu. Die Gebühren dürfen jedoch nur der **Höhe** nach an den neuen Streitwert angepaßt werden, keinesfalls darf über die Änderungsfestsetzung auch eine erneute Prüfung dem Grunde nach (= Erstattbarkeit) stattfinden; hier setzt die materielle Rechtskraft Grenzen.

6.2 Der Antrag, Abs 2

195 Der **Abänderungsantrag** ist innerhalb einer Frist von einem Monat anzubringen. Die Frist beginnt mit der Verkündung oder Zustellung des Streitwertfestsetzungsbeschlusses, §§ 222, 224 ZPO.

Zu beachten ist: Wird diese Frist versäumt, so ist **nur** die abändernde Kostenfestsetzung ausgeschlossen, einer Zwangsvollstreckung mit dem etwa nun überhöhten Betrag (der Streitwert wurde z. B. herabgesetzt) kann mit der Vollstreckungsgegenklage begegnet werden (§§ 767, 795, 794 I Nr 2 ZPO).

Teil IV
Die Kostenschuldner
(§§ 49, 54, 58, 68, 69 GKG)

1 Kostenschuldner in bürgerlichen Rechtsstreitigkeiten und in Scheidungssachen, § 49 GKG

1.1 Allgemeines

Die Vorschrift regelt die **Haftung des Antragstellers** im Verhältnis zur **Staatskasse** und nimmt damit primär den Veranlasser eines gerichtlichen Verfahrens in die Pflicht. Anders ausgedrückt: Derjenige, der eine staatliche Institution für die Durchsetzung seines Rechtsschutzbegehrens in Anspruch nimmt, soll auch die dadurch verursachten Kosten zahlen. Daraus folgt auch: Die Haftung des Antragstellers nach § 49 GKG wird vom Ausgang des Verfahrens nicht berührt; der Antragsteller haftet neben weiteren Kostenschuldnern als Gesamtschuldner, § 58 I GKG. Werden nach der gerichtlichen Kostenentscheidung die Verfahrenskosten aber dem Gegner auferlegt, so tritt die Antragstellerhaftung zurück, der Veranlasser haftet dann nur noch subsidiär und wird zum **Zweitschuldner; Erstschuldner** wird dann nämlich der kostenpflichtig Verurteilte, § 58 II 1 GKG. **196**

1.2 Der Antragsteller; der Antrag

Kostenschuldner ist immer derjenige, der das Verfahren der Instanz **beantragt** hat, das ist der **Kläger** oder **Rechtsmittelkläger:** Betroffen ist alleine die Partei, nicht etwa der gesetzliche oder gewillkürte Vertreter. Parteien kraft Amtes (z. B. der Konkursverwalter, der Testamentsvollstrekker oder der Nachlaßverwalter) sind zwar selbst Antragsteller, also Veranlasser der Instanz, sie haften aber nur mit der verwalteten Vermögensmasse. Der vollmachtlose Vertreter haftet bis zur Genehmigung der Prozeßführung selbst als Antragsteller. **197**

Der **Antrag,** das ist die das gerichtliche Verfahren **einleitende Prozeßhandlung** (z. B. die Klageerhebung, der Mahnantrag, der Antrag auf Erlaß eines Arrestes oder einer einstweiligen Verfügung). Unbeachtlich ist dabei, ob der Antrag ordnungsgemäß und damit zulässig gestellt wurde, auch ein unzulässiger Antrag löst die Haftung nach § 49 GKG aus.

1.2.1 Die Instanz

Der Antragsteller haftet für die Verfahrenskosten der **gesamten „Instanz“.** Dabei ist der Begriff der Instanz im **kostenrechtlichen Sinne** (vgl. § 27 GKG) nicht völlig deckungsgleich mit dem Instanzenbegriff im prozeßrechtlichen Sinne. Kostenrechtlich beginnt die Instanz mit dem **198**

Einreichen des Antrages (der Klageschrift oder der Antragsschrift) und endet mit der Verkündung oder Zustellung der Endentscheidung, mit dem Abschluß eines Vergleichs oder der Klagerücknahme. Die Haftung des Veranlassers erstreckt sich nun auf sämtliche in **diesem Verfahrensbereich** angefallene Gerichtskosten. Um den Umfang der Haftung konkret bestimmen zu können, müssen die Instanzen gegeneinander abgegrenzt werden; so sind z. B. folgende „Verfahrensetappen" kostenrechtlich eigenständig und haben folglich auch einen jeweils **eigenen** Antragsteller als Kostenschuldner:
- das Mahnverfahren im Verhältnis zum Streitverfahren
- die Vollstreckungsabwehrklage (§ 767 ZPO)
- die Drittwiderspruchsklage (§ 771 ZPO)
- das Wiederaufnahmeverfahren (§§ 578 ff. ZPO)
- das Rechtsmittelverfahren
- das Beweissicherungsverfahren
- das Zwangsvollstreckungsverfahren.

Keine kostenrechtliche Eigenständigkeit haben dagegen z. B.:
- das Verfahren nach Einspruch gegen ein Versäumnisurteil
- das Nachverfahren nach einem Vorbehaltsurteil (§ 600 ZPO)
- das Verfahren nach Verweisung oder Zurückverweisung (§§ 9, 33 GKG)
- das Kostenfestsetzungsverfahren (§§ 103 ff. ZPO).

Diese Verfahrensbereiche sind kostenrechtlich nicht auszugliedern, das bedeutet: für sämtliche darin anfallende Gerichtskosten muß der **ursprüngliche** Veranlasser einstehen.

1.2.2 Umfang der Antragstellerhaftung

199 Die Haftung des Antragstellers erstreckt sich auf **alle Kosten** (Gebühren und Auslagen), die im Verfahren der Instanz entstehen. Er haftet insbesondere auch für sämtliche Kosten, die durch **Verteidigungsmaßnahmen des Gegners** anfallen (z. B. Auslagen für Zeugen des Gegners). Geht der Prozeßgegner allerdings selber zum Angriff über und erhebt etwa Widerklage, so begibt er sich dann insoweit aber selber in die Antragstellerposition.

Zu beachten ist: § 49 GKG regelt alleine die Haftung im Verhältnis **zwischen der Antragspartei und der Staatskasse;** die Verpflichtung Prozeßkosten zu tragen und zu erstatten, also das Verhältnis **zwischen den Parteien,** regeln ausschließlich die §§ 91 ff. ZPO.

1.2.2.1 Mehrere Antragsteller

200 Beteiligen sich an demselben Verfahren und Verfahrensgegenstand **mehrere Antragsteller als Streitgenossen,** so haften sie im Verhältnis zur Staatskasse als **Gesamtschuldner,** § 59 GKG.

Kläger und Widerkläger sowie wechselseitige Rechtsmittelkläger haften jeweils **eigenständig** für die Kosten ihrer Klagen, bzw. Rechtsmittel.

Dabei wird der **Umfang** ihrer Haftung nach der jeweiligen „streitwertmäßigen" Beteiligung am Rechtsstreit bemessen.

Dazu folgendes **Beispiel:**

201 Klage über 500,– DM (Kaufpreisforderung), Widerklage über

800,– DM (Schadensersatzforderung). Klage und Widerklage betreffen nicht denselben Streitgegenstand, folglich ist zu addieren (§ 19 I 2 GKG).

Nach § 49 GKG haften nun Kläger und Widerkläger so, als hätten sie jeweils eigenständige Verfahren angestrengt. Es haften (Verfahrensgebühr):

- der Kläger für die Gebühr aus einem Streitwert von 500,– DM mit 23,– DM
- der Widerkläger für die Gebühr aus einem Streitwert von 800,– DM mit 33,– DM.

In Höhe von 23,– DM haften die beiden Antragsteller als Gesamtschuldner, § 58 I GKG. (Selbstverständlich kann die Staatskasse insgesamt je volle Gebühr nur 48,– DM verlangen, also die aus dem zusammengerechneten Streitwert mit 1300,– DM.)

Betreffen Klage und Widerklage denselben Streitgegenstand, § 19 I 1 GKG, so haften Kläger und Widerkläger ebenfalls als Gesamtschuldner und zwar dann für den vollen Gebührenbetrag.

2 Sonstige Kostenschuldner, § 54 GKG

2.1 Allgemeines

Neben die nach §§ 49–53 GKG haftenden Verfahrensbeteiligten trifft noch **weitere Personen** im Verhältnis zur Staatskasse eine Kostenschuld (vgl. den Wortlaut: „Kostenschuldner ist **ferner** ...“). Der nach § 54 GKG Haftende tritt neben die weiteren Kostenschuldner und insbesondere neben den nach § 49 GKG haftenden Veranlasser. So kann sich ergeben, daß eine Partei der Staatskasse aus **verschiedenen** Tatbeständen – z. B. aus § 49 GKG **und** zusätzlich aus § 54 Nr 1 GKG – für die Kosten haftet. Aber: Für die Staatskasse eröffnet sich dadurch nicht etwa die Möglichkeit, die verschiedenen Haftungen zu kumulieren. 202

Beispiel:
In einem Rechtsstreit betragen die gesamten Gerichtskosten 600,– DM. Der Beklagte B soll haften: als Übernahmeschuldner für ⅔ (§ 54 Nr 2 GKG) also für 400,– DM und daneben auch als Antragsteller nach §§ 68, 69 GKG für 200,– DM (Auslagen eines Sachverständigen).
Die Staatskasse kann nun nicht die Haftungen kumulieren und den Beklagten B dann mit insgesamt 600,– DM in Anspruch nehmen; vielmehr kann sie gegen ihn maximal 400,– DM (= höhere Haftung nach § 54 Nr 2 GKG) geltend machen.

2.2 Die weiteren Kostenschuldner im einzelnen

2.2.1 Der Entscheidungsschuldner

Kostenschuldner ist **„ferner“** derjenige, dem durch **gerichtliche Entscheidung** die Kosten des Verfahrens **auferlegt** sind, § 54 Nr 1 GKG. Tatbestandsvoraussetzung ist also eine gerichtliche Entscheidung, die eine Partei belastet. Ohne Belang ist dabei, ob es sich bei der gerichtlichen Ent- 203 scheidung um ein Urteil oder einen Beschluß handelt, auch ein Vollstreckungsbescheid genügt. Die gerichtliche Kostenentscheidung muß die Verfahrenskosten ganz oder zum Teil – z.B. in Quoten – oder auch nur für eine bestimmte Verfahrensetappe – z.B. Mehrkosten nach §§ 281 III, 344 ZPO – auferlegen. Erfaßt werden davon auch die Kosten eines etwa vorangegangenen Mahnverfahrens (§ 696 I 5, V ZPO) oder die eines einstweiligen Anordnungsverfahrens (§§ 127 a II, 621 f II, 641 d IV ZPO). Rechtskraft oder vorläufige Vollstreckbarkeit der Entscheidung ist grundsätzlich nicht erforderlich. (Ausnahme z.B.: § 125 ZPO).

Die Kostenschuld des Entscheidungsschuldners erlischt nicht, wenn gegen die Entscheidung Rechtsmittel eingelegt oder die Zwangsvollstreckung eingestellt wird. Aber: Da alleine die gerichtliche Entscheidung die Rechtsgrundlage für die Haftung nach § 54 Nr 1 GKG bildet, erlischt die Kostenschuld dann, wenn die Entscheidung wieder aufgehoben wird (vgl. § 57 GKG).

2.2.1.1 Umfang der Kostenhaftung

204 Den **Umfang** der Haftung des Entscheidungsschuldners gibt primär die Kostenentscheidung selbst vor. Sind die Kosten ohne Einschränkung auferlegt, so haftet der Entscheidungsschuldner für die **gesamten** Kosten des Rechtsstreits, sind die Kosten nach Quoten verteilt (§ 92 ZPO), dann ist eben der entsprechende Bruchteil maßgebend. Werden die Kosten gegeneinander aufgehoben, trägt jede Partei die Gerichtskosten zur Hälfte.

2.2.2 Der Übernahmeschuldner

205 Kostenschuldner ist **„ferner"** derjenige, der die Kosten durch eine **vor Gericht abgegebene oder dem Gericht mitgeteilte Erklärung oder in einem vor Gericht abgeschlossenen oder dem Gericht mitgeteilten Vergleich übernommen** hat, § 54 Nr 2 GKG. Der Übernahmeschuldner tritt **neben** den Entscheidungsschuldner nach Nr 1. Der Antragstellerschuldner (§ 49 GKG) wird neben diesen zum **Zweitschuldner** (§ 58 I, II 1 GKG).

2.2.2.1 Die einseitige Übernahmeerklärung

206 Tatbestandsvoraussetzung ist eine vor Gericht abgegebene oder mitgeteilte **einseitige Erklärung** einer Partei oder eines Dritten, die Kosten ganz oder teilweise zu übernehmen. Diese Übernahmeerklärung ist **Prozeßhandlung,** sie schafft mit **konstitutiver** Wirkung die Rechtsgrundlage für die Kostenschuld gegenüber der Staatskasse. Sie kann zeitlich unbeschränkt, also auch noch nach Abschluß des Rechtsstreits, abgegeben werden und in ihr muß der Wille zur Kostenübernahme erkennbar zum Ausdruck gebracht werden (Auslegung möglich).

2.2.2.2 Übernahme im Vergleich

207 Im Gegensatz zur einseitigen Übernahmeerklärung ist die **Erklärung** hier **in einem Vertrag** (Vergleich) enthalten; ist sie in einem außergerichtlichen Vergleich abgegeben, so muß zudem der Vergleich mit dem Willen des Verpflichteten dem Gericht mitgeteilt worden sein. Für den Übernehmenden wird eine Kostenschuld im Ausmaße seiner Übernahmeverpflichtung begründet. Ist der Vergleich bedingt oder widerrufbar abgeschlossen worden, entsteht die Kostenschuld erst, wenn ein wirksamer Vertrag vorliegt. Eine Übernahmeerklärung in einem aus prozessualen oder materiell-rechtlichen Gründen – z. B. wegen Anfechtung oder Geschäftsunfähigkeit – unwirksamen Vergleich begründet keine Verbindlichkeit.

2.2.2.3 Der Fall des § 98 ZPO (unterstellte Kostenübernahmeerklärung)

Haben die Parteien in einem Vergleich keine Kostenregelung getroffen, so **gelten** die Kosten als **gegeneinander aufgehoben,** § 98 ZPO. Das bedeutet: Jede Partei hat dann die **Hälfte der Gerichtskosten** zu tragen. Diese, zwischen den Parteien geltende Regelung der §§ 92 I 2, 98 ZPO, **bezieht** § 54 Nr 2 GKG auch auf das Verhältnis der Parteien zu der Staatskasse und begründet damit eine Kostenschuld. **208**

2.2.3 Gesetzliche Kostenhaftung

Kostenschuldner ist **„ferner"** derjenige, der für die Kostenschuld eines anderen **kraft Gesetzes** haftet, § 54 Nr 3 GKG. Die Vorschrift **bezieht** bürgerlich-rechtliche oder öffentlich-rechtliche Haftpflichten auch auf das Verhältnis zur Staatskasse, mit der Folge: Der Haftende kann für die Kostenschuld eines anderen in Anspruch genommen werden. Die Haftpflicht muß aber kraft Gesetzes und zwar in der Form bestehen, daß eine Verpflichtung Dritten gegenüber begründet ist. So scheidet daher ein vertraglich, also ein nur im Innenverhältnis, Verpflichteter als Kostenschuldner nach Nr 3 (nicht aber nach Nr 2!) aus. **209**

Der nach § 54 Nr 3 Haftende tritt **neben** die weiteren Kostenschuldner nach §§ 49, 54 Nr 1, 2, 4 und 68 GKG, er haftet mit diesen als **Gesamtschuldner,** § 58 I GKG. **210**

2.2.3.1 Fälle der gesetzlichen Haftung

In Betracht kommen als gesetzliche Haftungstatbestände insbesondere:

– **§ 419 BGB, Vermögensübernahme** **211**
  Der Übernehmer haftet den Gläubigern für Schulden des Veräußerers, also auch für Kostenschulden.
– **§ 25 I HGB, Erwerb eines Handelsgeschäfts** **212**
  Beim Erwerb eines Handelsgeschäfts unter Lebenden haftet der Erwerber für alle im Betrieb begründeten Verbindlichkeiten des früheren Inhabers, wenn er die bisherige Firma fortführt, also dann auch für bestehende Kostenschulden. (Dies gilt auch bei der Firmenfortführung durch die Erben, vgl. § 27 I HGB.)
– **§ 1967 BGB, Erbenhaftung:** **213**
  Der Erbe haftet für die Nachlaßverbindlichkeiten; dazu gehören auch Verbindlichkeiten des Erblassers gegenüber der Staatskasse.

2.2.4 Der Vollstreckungsschuldner

214 Kostenschuldner ist **„ferner"** der **Vollstreckungsschuldner** für die notwendigen Kosten der Zwangsvollstreckung, § 54 Nr 4 GKG. Die Vorschrift **bezieht** die zwischen den Parteien geltende prozessuale Kostenerstattungspflicht des § 788 ZPO auch auf das Verhältnis zur Staatskasse und begründet damit für den Vollstreckungsschuldner eine Kostenschuld. Der Vollstreckungsschuldner tritt als weiterer Kostenschuldner **neben** die anderen Verpflichteten aus §§ 49, 54 Nr 1, 2, 3 und 68 GKG; er haftet mit diesen als **Gesamtschuldner** § 58 I GKG.

2.2.4.1 Notwendige Kosten der Zwangsvollstreckung

215 Die Kostenschuld des Vollstreckungsschuldners setzt aber erst ein, wenn es sich bei den entstandenen Kosten um **notwendige** Kosten der Zwangsvollstreckung handelt. Dies folgt aus § 788 ZPO, denn dort ist auf § 91 ZPO verwiesen. Damit trifft den Gläubiger, in gleicher Weise wie die Prozeßparteien, eine Kostengeringhaltungspflicht und dies bedeutet: Kosten für von vorneherein erkennbar aussichtslose Vollstreckungsmaßnahmen gehen alleine zu Lasten des Gläubigers.

3 Mehrere Kostenschuldner, § 58 GKG

3.1 Allgemeines

216 Haften mehrere Personen, die auf **verschiedenen** Parteiseiten stehen, für die gleiche Kostenschuld, so sind sie **gesamtschuldnerisch** verpflichtet, Abs 1.

Beispiel:
Rechtsstreit zwischen A und B; B wird kostenpflichtig verurteilt. Gerichtskosten: 500,– DM.

Haftung:

– A haftet als Antragsteller (§ 49 GKG) für	500,– DM
– B haftet als Entscheidungsschuldner (§ 54 Nr 1 GKG) für ebenfalls	500,– DM

Beide haften i.H. von 500,– DM als Gesamtschuldner (§ 58 I GKG).

(**Hinweis:** Ergänzend zu § 58 I GKG regelt § 59 GKG die Haftung zwischen Streitgenossen, also zwischen mehreren Kostenschuldnern auf **derselben** Parteiseite.)

3.2 Gesamtschuld

217 Da mehrere Personen eine Leistung in der Weise schulden, daß jeder die ganze Leistung zu bewirken verpflichtet ist, der Gläubiger (Staatskasse) aber nur **einmal** zu fordern berechtigt ist, sind §§ 421 ff BGB anzuwenden. Das bedeutet: Bei der Zahlung eines Kostenschuldners werden die anderen Verpflichteten **frei,** sie sind dann aber im **Innenverhältnis ausgleichspflichtig,** § 426 BGB. Die Staatskasse kann grundsätzlich, soweit

nicht § 58 II GKG die Rangfolge regelt und damit das Ermessen des Kostenbeamten beschränkt, frei wählen, welchen der gesamtschuldnerisch Verpflichteten sie zunächst in Anspruch nehmen will. (Die **Verwaltungsvorschriften in §§ 7 II, 8 III KostVfg** geben dem Kostenbeamten aber Richtlinien für die **Reihenfolge der Inanspruchnahme** der mehreren Kostenschuldner vor.)

3.3 Erst- und Zweitschuldnerhaftung

3.3.1 Allgemeines

Mehrere Kostenschuldner haften nach Abs 1 als Gesamtschuldner. 218
Aber: Abs 2 schränkt nun das **Wahlrecht der Staatskasse** bei der Reihenfolge der Inanspruchnahme der mehreren Kostenschuldner ein und stellt ein **Rangverhältnis** zwischen den Verpflichteten auf. (Dadurch ist aber nur das Wahlrecht der Staatskasse gesetzlich eingeschränkt, keinesfalls wird am Wesen der Gesamtschuld „gerüttelt".) Nach Abs 2 S 1 ist nämlich bei der Inanspruchnahme zu unterscheiden zwischen dem sog. **„Erst"-** und dem sog. **„Zweitschuldner".** D. h.: Die Verpflichtung eines Gesamtschuldners wird in das „zweite Glied" gerückt, er haftet nur subsidiär und zwar für den Fall, daß der andere Kostenschuldner zahlungsunfähig ist. Da die Haftung des Zweitschuldners nur unter bestimmten Voraussetzungen **„geltend gemacht"** (Zukunft) werden soll, sind an ihn aber bereits bezahlte Kosten nicht zurückzuerstatten. Anders ausgedrückt: Nur hinsichtlich noch **offener** Kostenforderungen bleibt der Zweitschuldner zunächst „verschont".

Beispiel:
Klage A gegen B; B wird kostenpflichtig verurteilt. Die Gerichtskosten betragen 500,– DM, A hat vorschußweise (vgl. z. B. § 65 I GKG) schon 100,– DM bezahlt.

Behandlung der Vorschußzahlung: 219
Die Staatskasse behält nun die von A bereits entrichteten 100,– DM ein. § 58 II 1 GKG steht dem auch nicht entgegen, denn: die Vorzugsstellung, die A als Zweitschuldner genießt, betrifft nur Kostenforderungen, die noch „geltend gemacht" werden müssen, also hier die restlichen 400,– DM.

(**Hinweis:** A hat aber gegen B einen prozessualen Kostenerstattungsanspruch nach § 91 I ZPO. Folglich muß im **Innenverhältnis** B dem A die 100,– DM wieder erstatten; der Anspruch kann festgesetzt werden, §§ 103 ff. ZPO.)

3.3.2 Die Kostenschuldner als Erstschuldner oder Zweitschuldner

Abs 2 S 1 bestimmt zu **Erstschuldnern** die Kostenschuldner des **§ 54 Nr 1 und 2 GKG,** also den Entscheidungs- und den Übernahmeschuldner; zu Zweitschuldnern werden **alle übrigen** Kostenschuldner „gemacht". Subsidiär haften insbesondere: der Antragsteller- und der Auslagenschuldner (§§ 49, 56, 68, 69 GKG). Mehrere Erst- bzw. mehrere Zweitschuldner haften dann untereinander wieder als Gesamtschuldner. 220

3.3.3 Die Reihenfolge der Inanspruchnahme durch die Staatskasse

221 Die Staatskasse **„soll"** (muß) sich zunächst an den Erstschuldner halten. Der Zweitschuldner kann die Staatskasse auf diese Rangfolge verweisen und dies notfalls mit der Erinnerung nach § 5 GKG erwirken. Erst dann, wenn eine Zwangsvollstreckung in das bewegliche Vermögen des Erstschuldners erfolglos geblieben ist oder aussichtslos erscheint, kann auf den Zweitschuldner zugegriffen werden. Voraussetzung für die Inanspruchnahme ist aber: Die Staatskasse muß mindestens einen erfolglosen Vollstreckungsversuch in das bewegliche Vermögen (körperliche Sachen, Forderungen und andere Vermögensrechte, vgl. §§ 808, 828 ff. ZPO) des Erstschuldners unternommen haben. Ein Vollstreckungsversuch ist nur dann entbehrlich, wenn er „aussichtlos" erscheint. Das ist insbesondere dann der Fall, wenn der Gerichtsvollzieher den Auftrag unerledigt zurückgibt, weil der Kostenschuldner amtsbekannt vermögenslos ist (vgl. § 63 GVGA).

3.4 Einfluß der Prozeßkostenhilfe, Abs 2 S 2

222 Ist dem **Entscheidungsschuldner** (§ 54 Nr 1 GKG), also der Partei, die kostenpflichtig unterliegt, **Prozeßkostenhilfe bewilligt,** so hat dies bedeutenden Einfluß auf die Kostenforderung. Denn: in diesem Fall soll die Haftung eines anderen (weiteren) Kostenschuldners nicht geltend gemacht werden, dieser wird dann vielmehr frei. Die Regelung steht in **direktem** Zusammenhang mit den verfahrensrechtlichen Kostenerstattungsregelungen: Nach § 123 ZPO hat nämlich die Bewilligung der Prozeßkostenhilfe keinen Einfluß auf die Verpflichtung der hilfebedürftigen Partei, die dem obsiegenden Gegner entstandenen Prozeßkosten zu erstatten. Es könnte sich dadurch folgende Situation ergeben: Der obsiegende Gegner, von der Staatskasse als Zweitschuldner wegen der Gerichtskosten in Anspruch genommen, macht diese über seinen prozessualen Kostenerstattungsanspruch gegen die PKH-Partei wieder geltend. Folglich wäre dann die Schutzwirkung des § 122 I Nr 1 ZPO relativiert und „durchlöchert". Die indirekte Inanspruchnahme der mittellosen Partei wegen der Gerichtskosten will **§ 58 II 2 GKG** nun gerade **verhindern.** Allerdings entfaltet die Bestimmung die Schutzwirkung für die PKH-Partei **nur** dann, wenn sie als Entscheidungsschuldnerin nach § 54 Nr 1 GKG haftet und **nicht** auch für die PKH-Partei, die als Übernahmeschuldnerin nach § 54 Nr 2 GKG verpflichtet ist.

Aber: Nach der wohl h. M. schließt § 58 II 2 GKG die Inanspruchnahme des „reichen" Zweitschuldners nur wegen der **noch nicht bezahlten** Gerichtskosten aus (vgl. den Wortlaut des § 58 II 2 GKG: „... nicht geltend gemacht werden ..."), etwa bereits vorschußweise bezahlte Beträge werden aus der Staatskasse nicht mehr zurückerstattet. Hier bleibt dem Gegner dann nur der Weg über §§ 91, 123 ZPO und damit verliert § 122 I Nr 1 ZPO insoweit seine Schutzfunktion; eine bittere Pille für die PKH-Partei.

4 Auslagenvorschußpflicht in bürgerlichen Rechtsstreitigkeiten, §§ 68, 69 GKG

4.1 Allgemeines

Die Vorschriften begründen eine **selbständige** gesetzliche und **endgültige** Zahlungspflicht gegenüber der Staatskasse. Die danach verpflichteten Auslagenschuldner haften neben anderen Kostenschuldnern, etwa aus §§ 49, 54 GKG, als Gesamtschuldner, § 58 I GKG. §§ 68, 69 GKG stellen eine Ergänzung der §§ 54–57 GKG dar und betreffen die **Auslagen nach KVGKG Nrn 1901–1920.** **223**

Bei der Anwendung des § 68 GKG ist zu unterscheiden zwischen Handlungen, die auf Antrag (Abs 1, 2) und solchen, die von Amts wegen (Abs 3) vorzunehmen sind.

4.2 Handlungen auf Antrag, § 68 I GKG

Die Kostenschuld löst ein **Antrag** aus, mit dem die Vornahme einer gerichtlichen Handlung begehrt wird. Der Begriff des „Antrags" ist im weitesten Sinn zu verstehen, er kann formlos, z.B. in einem Schriftsatz oder aber auch in der mündlichen Verhandlung gestellt werden. Es kommen hier insbesondere in Betracht: **224**

- der Antrag zur Zeugeneinvernahme
- der Antrag zur Einholung eines Sachverständigengutachtens
- der Antrag auf Auslandszustellung.

Vorschußpflichtig als Kostenschuldner ist nun derjenige, der die gerichtliche Handlung beantrag hat, wobei die Parteistellung des „Kostenverursachers" oder der Umstand, ob er auch beweispflichtig ist, belanglos ist. Beantragen mehrere Personen dieselbe Handlung (z.B. die Vernehmung desselben Zeugen) so haften sie als Gesamtschuldner für die Auslagen.

Die **Höhe** des Vorschusses schließlich soll so bemessen werden, daß die voraussichtlich entstehenden **Auslagen gedeckt** sind.

4.2.1 Vorwegleistungspflicht

Das Gericht soll die mit Auslagen verbundene Handlung erst vornehmen, wenn der Vorschuß **einbezahlt** ist, § 68 I 2 GKG. Diese Abhängigkeit der Durchführung der Handlung von der vorherigen Vorschußzahlung, wird durch Beschluß angeordnet, und ohne die Einzahlung kommt es dann eben nicht zur Vornahme der Handlung. **225**

Zu beachten ist: Für die Ladung von Zeugen und Sachverständigen geht aber als **Sonderregelung § 379 ZPO** dem § 68 I GKG vor. Nach dieser Bestimmung ist das Verknüpfen von Handlung und Zahlung in das Ermessen des Gerichts gestellt („kann"), die Sollvorschrift des § 68 I GKG ist dort zur Kannvorschrift gemildert.

4.3 Handlungen von Amts wegen, § 68 III GKG

226 Während für Antragshandlungen die Vorschußpflicht schon kraft Gesetzes besteht, kann für Handlungen, die **von Amts wegen** vorzunehmen sind, ebenfalls ein Vorschuß erhoben werden. Im Gegensatz zu § 68 I GKG darf aber bei Amtshandlungen die Vornahme **nicht** von der vorherigen Zahlung abhängig gemacht werden; die Entscheidung über die Vorschußeinforderung trifft hier der Kostenbeamte (§ 22 II KostVfg). In Betracht kommen hier: Handlungen nach §§ 142, 143, 273 ZPO. Das Gesetz selbst trifft aber dazu keine Aussage, wer zur Zahlung des Vorschusses verpflichtet ist; dies dürfte die **beweisbelastete** Partei sein, denn ihr nützt letztlich die Handlung.

4.4 Verwendung des Vorschusses

227 Grundsätzlich sind zunächst die Auslagen abzudecken, für die der Vorschuß geleistet wurde. Ist er nicht ausreichend, so ist **nachzuzahlen,** da die Vorschußpflicht eine endgültige Kostenpflicht begründet, § 69 GKG. Wird der Vorschuß nicht restlos verbraucht, dann kann er auch auf **andere, bereits fällige Kosten,** für die der Vorschußpflichtige auch noch haftet – z. B. nach §§ 49, 54 GKG –, **verrechnet** werden. Dies gilt nach der wohl h. M. selbst dann, wenn zwischenzeitlich die Haftung der „Vorschußpartei" zur subsidiären Zweitschuldnerhaftung geworden ist, denn mit der Verrechnung wird nicht gegen § 58 II 1 GKG verstoßen.

4.5 Fortdauer der Vorschußpflicht, § 69 GKG

228 Die Vorschrift „münzt" die nach § 68 GKG bestehende Vorschußpflicht in eine **endgültige Zahlungspflicht** um. Der Vorschußschuldner wird zum weiteren Kostenschuldner und tritt **neben** die anderen Kostenschuldner; sie haften alle als **Gesamtschuldner,** § 58 I GKG. Die Kostenschuld nach §§ 68, 69 GKG wird nicht dadurch beseitigt, daß einem anderen die Verfahrenskosten auferlegt werden oder, daß diese von einem anderen übernommen werden. Aber: nach § 69 S 2 GKG gilt § 58 II GKG entsprechend. D. h.: sind nach § 54 Nr 1, 2 GKG Haftende vorhanden, dann tritt der Auslagenschuldner ins „zweite Glied" und wird **Zweitschuldner.** Seine Haftung soll dann, wie die des Antragstellers, erst geltend gemacht werden, wenn die Zwangsvollstreckung in das bewegliche Vermögen des Erstschuldners erfolglos geblieben ist oder aussichtslos erscheint.

Teil V

Fälle und Lösungen

A. Der Übungsfall

1 Vorbemerkungen

1.1 Anhand von Beispielen soll nun das systematische „Zusammenspiel" der verfahrens- und kostenrechtlichen Bestimmungen dargestellt werden. Die Ansprüche der Beteiligten untereinander werden dabei aus dem „Blickwinkel" des beigeordneten Rechtsanwalts, bzw. der Staatskasse erläutert. **229**

1.2 Bei den einzelnen Fallgestaltungen ist davon auszugehen, daß die Rechtsanwälte wegen ihrer Vergütung prinzipiell die Staatskasse beanspruchen und Kostenerstattungsansprüche gegen den Gegner im eigenen Namen geltend machen, §§ 121, 128 BRAGO, § 126 ZPO.

1.3 Bei den Ansprüchen der Staatskasse wird zusätzlich auf die Durchführungsbestimmungen zum Gesetz über die Prozeßkostenhilfe (DB-PKHG) in der für Bayern geltenden Fassung (Bek. v. 24.10. 1985, JMBl. 1985, S 263) hingewiesen. Um die Darstellung möglichst übersichtlich zu gestalten, bleiben Vorschußzahlungen (§§ 65, 68 GKG) unberücksichtigt.

2 Ausgangsfall 1

Klage des K, vertreten durch Rechtsanwalt X, gegen den B auf Zahlung von 9600,— DM zum Landgericht München I. B beauftragt nach Klagezustellung RA Z mit seiner Vertretung. Im Termin wird streitig verhandelt sowie ein von B benannter Zeuge C vernommen. Es wird durch (begründetes) Endurteil entschieden. **230**
An Auslagen sind der Staatskasse entstanden:
100,— DM Zeugenentschädigung für C und 5,— DM Postgebühren für die Klagezustellung an B.

2.1 Folgende Rechtsanwaltskosten sind entstanden:

Lfd. Nr.	Vorschriften BRAGO	Wert DM	Wahl-Anw Tabelle § 11 BRAGO DM	PKH-Anw Tabelle § 123 BRAGO DM	Differenz („Lücke") DM
1	Prozeßgebühr § 31 I 1	9600,–	489,–	390,–	
2	Verhandlungsgebühr § 31 I 2	9600,–	489,–	390,–	
3	Beweisgebühr § 31 I 3	9600,–	489,–	390,–	
4	Auslagenpauschale, § 26 S 2		40,–	40,–	
5	14% Mehrwertsteuer, § 25 II		210,98	169,40	
		Summe:	1717,98	1379,40	338,58

2.2 Folgende Gerichtskosten sind entstanden:

Lfd. Nr.	Vorschriften GKG	Wert DM	Tabelle § 11 GKG DM	Antragshaftung Kläger § 49 GKG DM	Antragshaftung Beklagter §§ 68, 69 GKG DM
1	1/1 Verfahrensgebühr KV 1010	9600,–	182,–	182,–	–
2	2/1 Urteilsgebühr KV 1016	9600,–	364,–	364,–	–
3	Zeugenentschädigung KV 1904	–	100,–	100,–	100,–
4	Zustellauslagen KV 1902	–	5,–	5,–	–
		Summe:	651,–	651,–	100,–

3 Ausgangsfall 2

Wie Ausgangsfall 1, aber mit folgender Abwandlung: **231**
Der Rechtsstreit wird durch einen Vergleich beendet.

3.1 Folgende Rechtsanwaltskosten sind entstanden:

Lfd. Nr.	Vorschriften BRAGO	Wert DM	Wahl-Anw Tabelle § 11 BRAGO DM	PKH-Anw Tabelle § 123 BRAGO DM	Differenz („Lücke") DM
1	Prozeßgebühr § 31 I 1	9600,–	489,–	390,–	
2	Verhandlungsgebühr § 31 I 2	9600,–	489,–	390,–	
3	Beweisgebühr § 31 I 3	9600,–	489,–	390,–	
4	Vergleichsgebühr § 23	9600,–	489,–	390,–	
5	Auslagenpauschale § 26 S 2	–	40,–	40,–	
6	14% Mehrwertsteuer § 25 II	–	279,44	224,–	
		Summe:	2275,44	1824,–	451,44

3.2 Folgende Gerichtskosten sind entstanden:

Lfd. Nr.	Vorschriften GKG	Wert DM	Tabelle § 11 GKG DM	Antragshaftung Kläger § 49 GKG DM	Antragshaftung Beklagter §§ 68,69 GKG DM
1	1/1 Verfahrensgebühr KV 1010	9600,–	182,–	182,–	–
2	Zeugenentschädigung KV 1904	–	100,–	100,–	100,–
3	Zustellauslagen KV 1902	–	5,–	5,–	–
		Summe:	287,–	287,–	100,–

Ausgangsfall 1

Beispiel 1

- Kläger K: *PKH ohne Zahlungsbestimmungen*
  RA X wurde beigeordnet
- Beklagter B: *Keine PKH*
- Kostenentscheidung: *B trägt die gesamten Kosten*

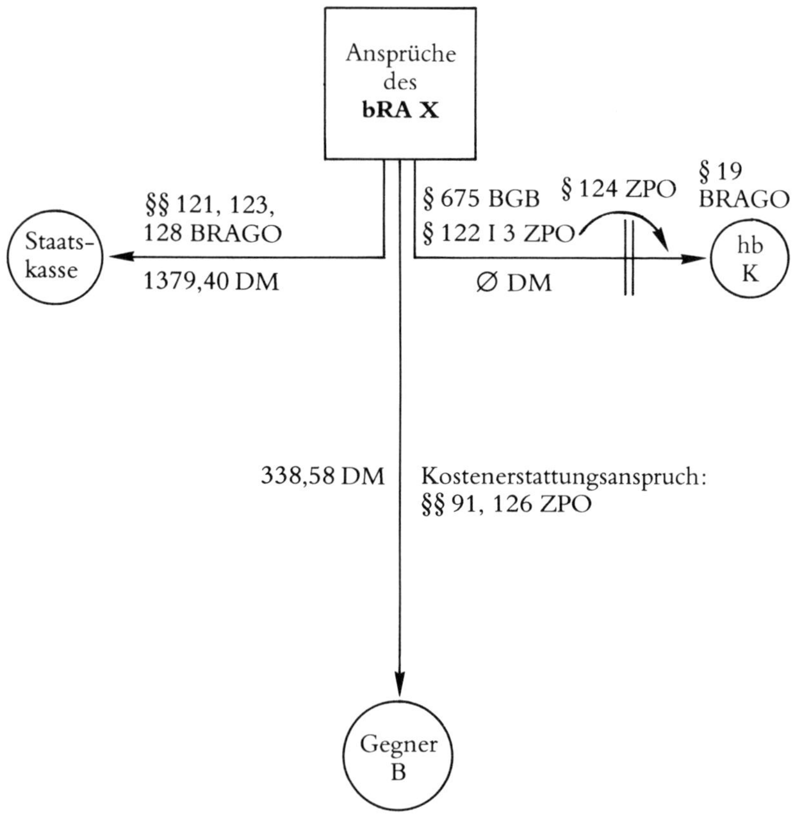

Erläuterungen:
Der beigeordnete Rechtsanwalt erhält aus der Staatskasse 1379,40 DM und kann bis zu den Regelgebühren (§ 11 BRAGO) an 1. Rangstelle den Kostenerstattungsanspruch gegen B beanspruchen; insgesamt erreicht er dann mit 1717,98 DM die Wahlanwaltsvergütung. Der Anspruch gegen den hilfebedürftigen Kläger aus § 675 BGB ist durch § 122 I Nr 3 ZPO „blockiert" und könnte nur im Falle der Aufhebung der PKH über § 19 BRAGO geltend gemacht werden.

Ausgangsfall 1

Beispiel 1

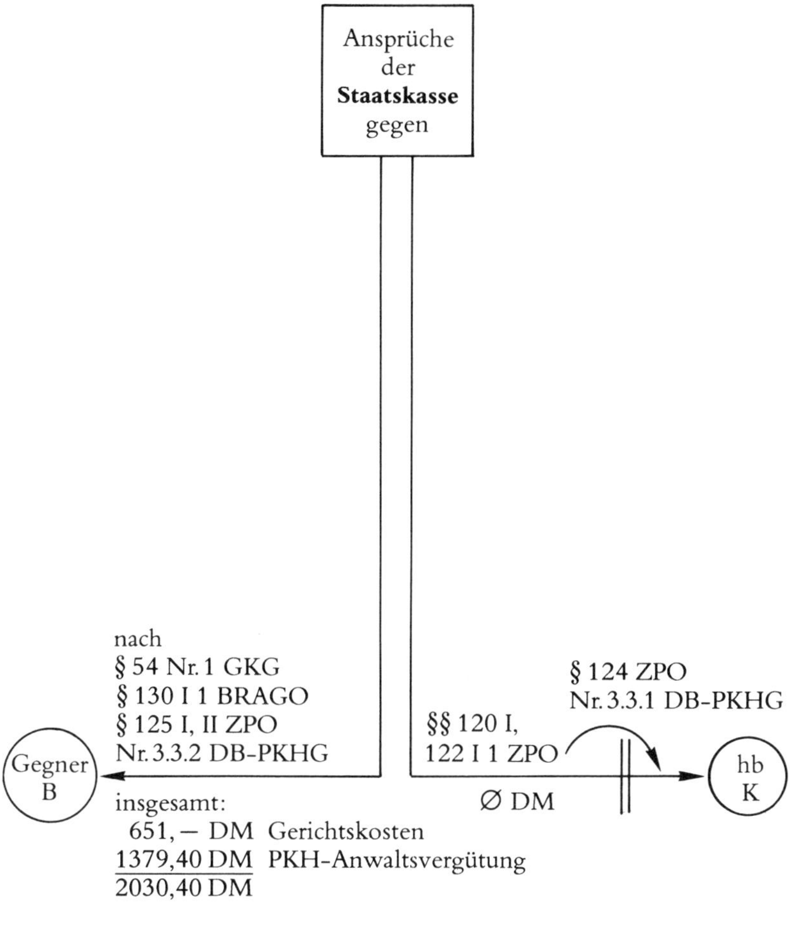

Erläuterungen:
Die Staatskasse kann gegen K keinerlei Ansprüche erheben, da die PKH ohne Zahlungsbestimmungen bewilligt wurde, Nr. 3.1 DB-PKHG. (Nur im Falle der Aufhebung der PKH könnte K herangezogen werden, § 124 ZPO). Da B voll unterlegen ist, haftet er in voller Höhe für die Gerichtskosten und auch für die PKH-Anwaltsvergütung des RA X, da der Kostenerstattungsanspruch des K insoweit (an 2. Rangstelle) auf die Staatskasse übergegangen ist, § 130 I BRAGO. Die Kosten werden nach Rechtskraft des Urteils mit Kostenrechnung von B eingezogen, §§ 122 II, 125 I, II ZPO, § 130 II BRAGO.

Ausgangsfall 1

Beispiel 2

- Kläger K: *PKH ohne Zahlungsbestimmungen*
  RA X wurde beigeordnet
- Beklagter B: *keine PKH*
- Kostenentscheidung: *K trägt die gesamten Kosten*

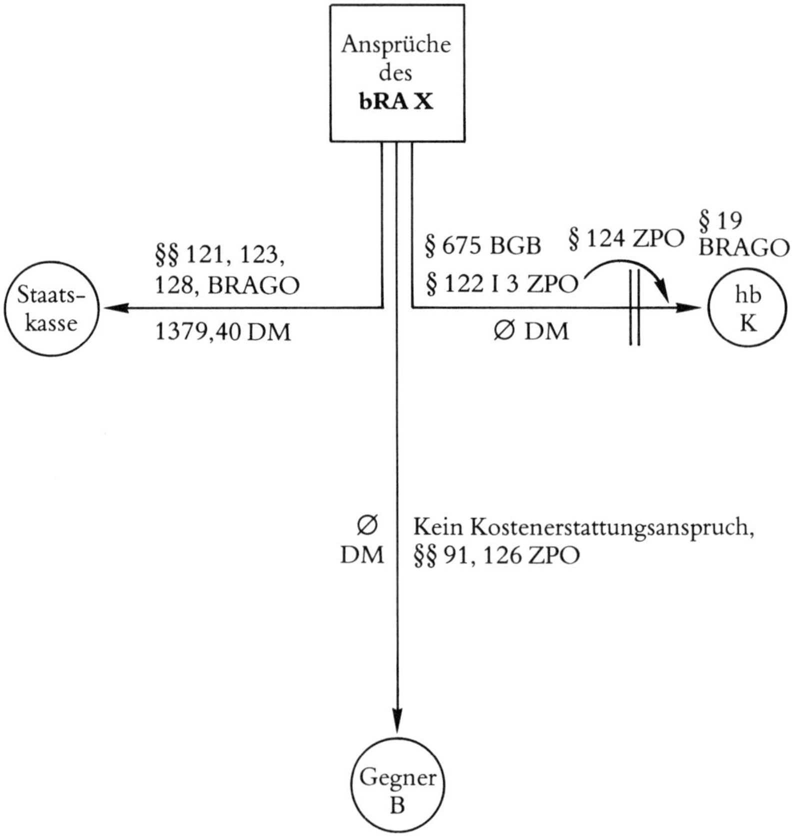

Erläuterungen:
Der beigeordnete Rechtsanwalt erhält aus der Staatskasse 1379,40 DM und fällt mit 338,58 DM aus. Da die hilfebedürftige Partei voll unterlegen ist, kann auch kein Kostenerstattungsanspruch (§§ 91, 126 ZPO) gegen den Gegner zum „Auffüllen" der Lücke herangezogen werden. (Der hilfebedürftige K selber kann nur dann beansprucht werden, wenn die PKH aufgehoben wird, § 124 ZPO, § 675 BGB, § 19 BRAGO.)

Ausgangsfall 1

Beispiel 2

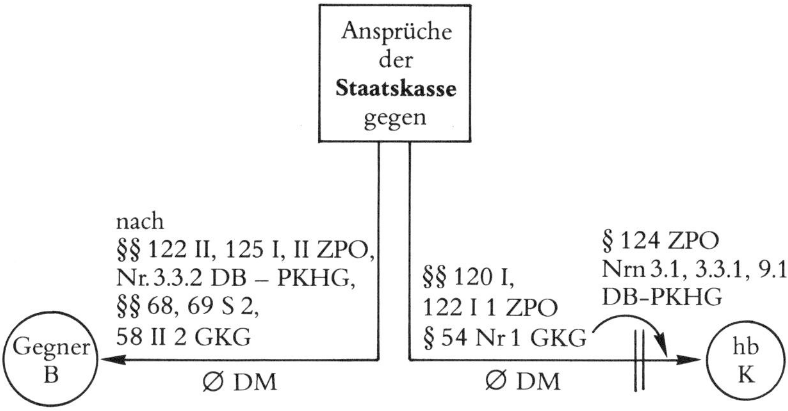

Erläuterungen:

a. Die Staatskasse kann gegen K keinerlei Ansprüche erheben, da die PKH ohne Zahlungsbestimmungen bewilligt wurde, Nr 3.1 DB-PKHG. (Nur im Falle der Aufhebung der Hilfe könnte K wegen der Gerichtskosten herangezogen werden, § 124 ZPO, Nrn 3.3.1, 9.1 DB-PKHG.)

b. Aber auch vom obsiegenden B können Gerichtskosten nicht eingezogen werden, denn: die vorläufige Befreiung des B nach § 122 II ZPO ist zur endgültigen „angewachsen", § 125 I, II ZPO, Nr 3.3.2 DB-PKHG. Seine Antragshaftung nach § 68 GKG für die Zeugenentschädigung (100,– DM) soll zudem auch über §§ 69 S 2, 58 II 2 GKG nicht geltend gemacht werden, da K für die Gerichtskosten nach § 54 Nr 1 GKG haftet.

c. Kostenerstattung:

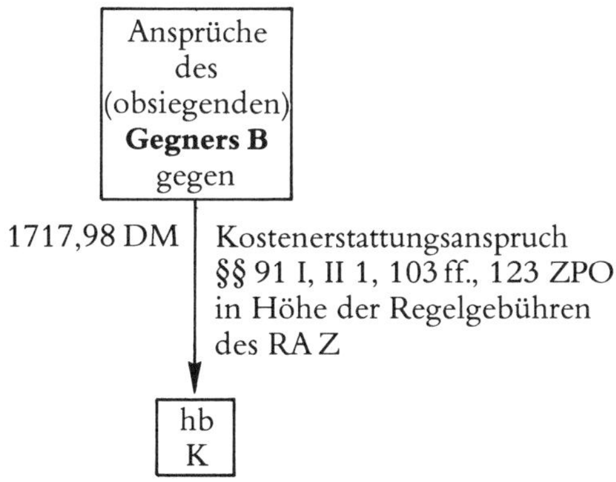

Da der hilfebedürftige K voll unterlegen ist, schützt ihn die PKH nicht vor der Kostenerstattung, d.h.: B kann sich von K die Vergütung seines RA Z in Höhe von 1717,98 DM erstatten lassen, §§ 91 I, II 1, 123 ZPO; Festsetzung ist nach §§ 103 ff. ZPO möglich.

Ausgangsfall 1

Beispiel 3

– Kläger K: *PKH ohne Zahlungsbestimmungen*
RA X wurde beigeordnet
– Beklagter B: *keine PKH*
– Kostenentscheidung: *K trägt 1/10*
B trägt 9/10

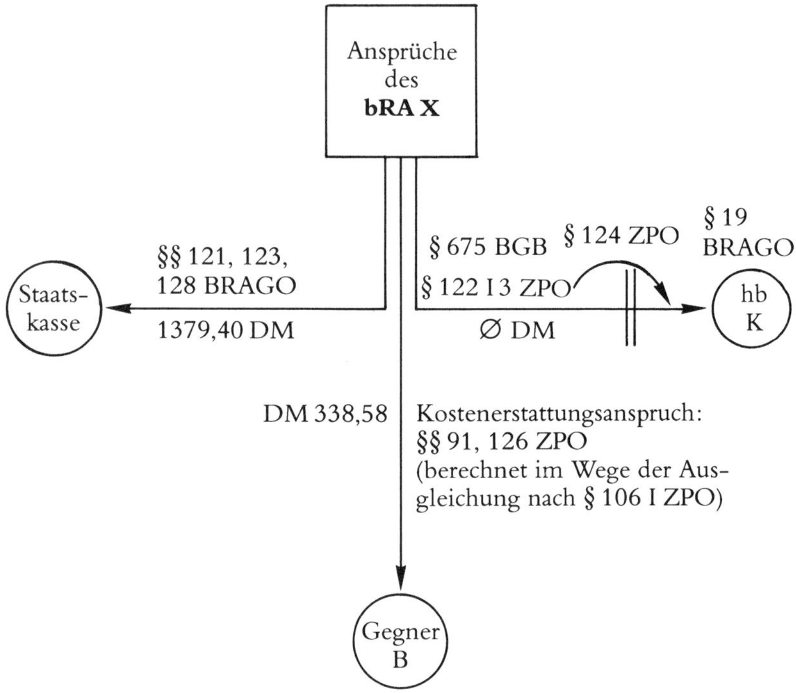

Erläuterungen:

a. Der beigeordnete Rechtsanwalt erhält aus der Staatskasse 1379,40 DM und kann bis zu den Regelgebühren (§ 11 BRAGO) an 1. Rangstelle den Kostenerstattungsanspruch gegen den – mit der höheren Quote unterlegenen – Gegner B beanspruchen; insgesamt erreicht er dann mit 1717,98 DM die Wahlanwaltsvergütung. (Ein Anspruch gegen den hilfebedürftigen Kläger K aus § 675 BGB ist durch § 122 I 3 ZPO „blokkiert“ und könnte nur im Falle der Aufhebung der PKH geltend gemacht werden, § 124 ZPO, § 19 BRAGO.)

b. Die Berechnung des Erstattungsanspruchs erfolgt im Wege des Kostenausgleichs – und zwar ohne Rücksicht auf die bewilligte PKH – wie folgt:

Kostenausgleichung (§ 106 I ZPO):

aa.	Wahlanwaltsvergütung des K (RA X):		1717,98 DM
bb.	Wahlanwaltsvergütung des B (RA Z):		1717,98 DM
			3435,96 DM
	hiervon trägt K 1/10		343,59 DM
	eigene Kosten des K	./.	1717,98 DM
	Erstattungsanspruch des K gegen B		1374,39 DM
cc.	Aufteilung des Erstattungsanspruchs, (§§ 91, 126 ZPO, 130 I BRAGO): Es erhält an		
	– 1. Rangstelle der bRA X		338,59 DM
	– 2. Rangstelle die Staatskasse		1035,81 DM
	insgesamt		1374,39 DM

Hinweis:
Im Kostenfestsetzungsbeschluß – §§ 103, 106 ZPO – sind auf den Namen des RA X 338,58 DM festzusetzen; die Staatskasse macht ihren Übergangsanspruch mit einer Kostenrechnung – Sollstellung – geltend, § 130 II BRAGO.

Ausgangsfall 1

Beispiel 3

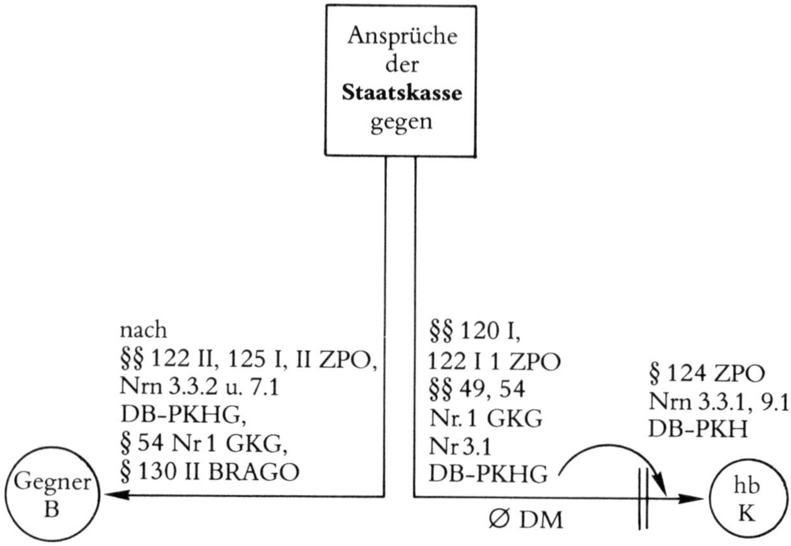

insgesamt:

Gerichtskosten (9/10)	585,90 DM
Übergangsanspruch	1035,81 DM
	1621,71 DM

Erläuterungen:

a. Die Staatskasse kann gegen K keinerlei Ansprüche erheben, da die PKH ohne Zahlungsbestimmungen bewilligt wurde, Nr 3.1 DB-PKHG. (Nur im Falle der Aufhebung der PKH könnte K herangezogen werden, § 124 ZPO, Nrn 3.3.1, 9.1 DB-PKHG und zwar zunächst wegen: 65,10 DM Gerichtskosten – 1/10 – und 343,59 DM PKH-Anwaltsvergütung, § 54 Nr 1 GKG, § 130 I BRAGO; sollte B allerdings zahlungsunfähig sein, dann könnte K auch mit dem Anteil des B beansprucht werden, §§ 49, 58 II 1 GKG, § 130 I BRAGO.)

b. Der Gegner B kann im Umfang seiner Verurteilung (9/10) zur Zahlung der Gerichtskosten als Erstschuldner herangezogen werden, §§ 54 Nr 1, 58 II 1 GKG, §§ 122 II, 125 I, II ZPO, Nrn 3.3.2, 7.1 DB-PKHG. Weiter ist an 2. Rangstelle auf die Staatskasse der Kostenerstattungsanspruch des Klägers K gegen B mit 1035,81 DM – s. Kostenausgleich – übergegangen und wird mit Kostenrechnung geltend gemacht, § 130 I, II BRAGO; § 91 ZPO. (Dieser Anspruch betrifft aber außergerichtliche Kosten der Parteien!)

Ausgangsfall 1

Beispiel 4

- Kläger K: *PKH ohne Zahlungsbestimmungen*
  RA X wurde beigeordnet
- Beklagter B: *keine PKH*
- Kostenentscheidung: *K trägt 9/10*
  B trägt 1/10

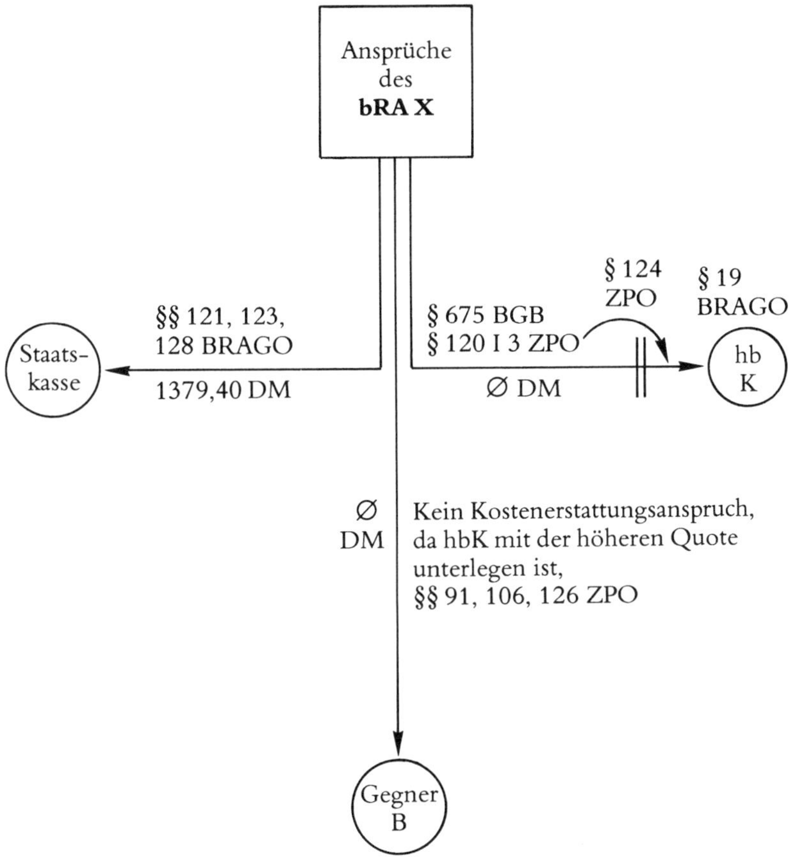

Erläuterungen:
Der beigeordnete Rechtsanwalt erhält aus der Staatskasse 1379,40 DM und fällt mit 338,58 DM aus. Einen Kostenerstattungsanspruch gegen B kann er zum „Auffüllen" nicht beanspruchen, denn per Saldo ergibt sich kein Überschuß für K, da er mit der höheren Quote unterlegen ist.

Ausgangsfall 1

Beispiel 4

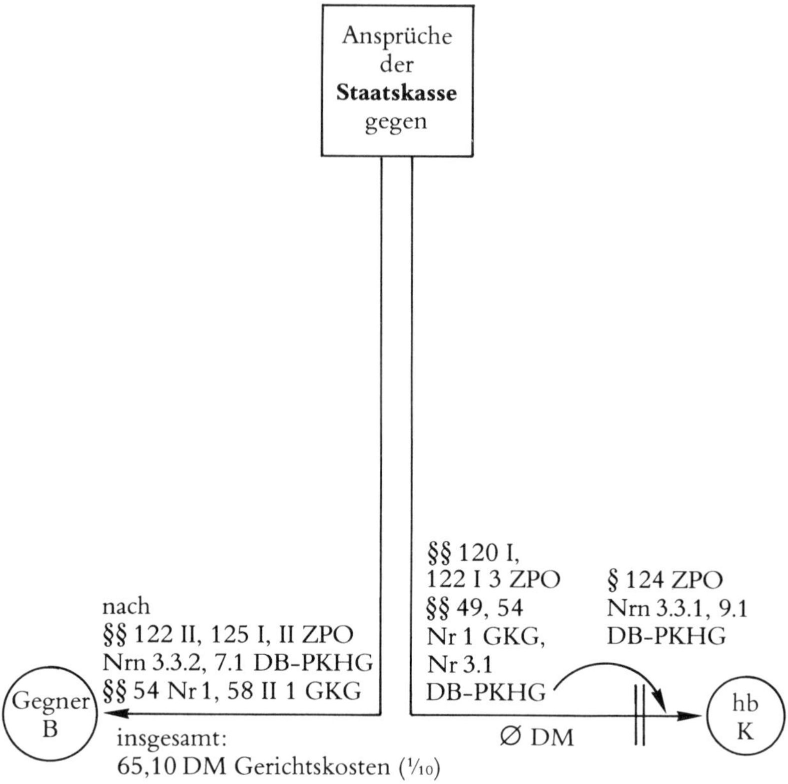

Erläuterungen:

a. Die Staatskasse kann gegen K keinerlei Ansprüche erheben, da die PKH ohne Zahlungsbestimmungen bewilligt wurde, Nr 3.1 DB-PKHG. (Nur im Falle der Aufhebung der PKH könnte K herangezogen werden, § 124 ZPO, Nrn 3.3.1, 9.1 DB-PKHG und zwar wegen: DM 585,90 Gerichtskosten – 9/10 – und 1379,40 DM PKH-Anwaltsvergütung, § 130 I BRAGO.)

b. Der Gegner B kann wegen der Gerichtkosten lediglich im Umfang seiner Quote (1/10) als Erstschuldner beansprucht werden; §§ 54 Nr 1, 58 II 1 GKG. Zwar haftet er nach §§ 68, 69 GKG als Antragsschuldner für die Zeugenauslagen in Höhe von 100,– DM, aber: §§ 69 S 2, 58 II 2 GKG lassen einen Zugriff der Staatskasse über 65,10 DM hinaus, also über die Entscheidungsschuldnerhaftung hinaus, nicht zu.
Ein Kostenerstattungsanspruch gegen B ist auf die Staatskasse nicht übergegangen.

c. Kostenerstattung:

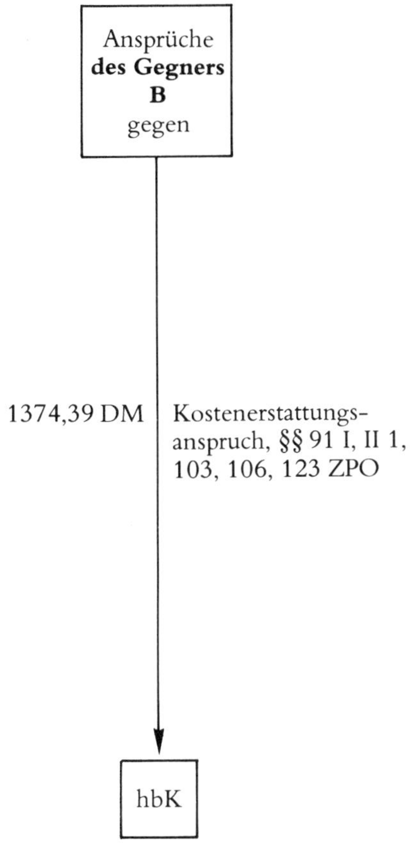

Da der hilfebedürftige K mit der höheren Quote unterlegen und per Saldo dadurch erstattungspflichtig ist, kann B ihn insoweit in Anspruch nehmen. Die Berechnung des Erstattungsbetrags erfolgt im Wege des Kostenausgleichs wie folgt:

Kostenausgleich (§ 106 I ZPO):

aa. Wahlanwaltsvergütung des K (RA X):		1717,98 DM
bb. Wahlanwaltsvergütung des B (RA Z):		1717,98 DM
		3435,96 DM
hiervon trägt B 1/10		343,59 DM
eigene Kosten des B	./.	1717,98 DM
Erstattungsanspruch des B gegen K		1374,39 DM

Ausgangsfall 1

Beispiel 5

- Kläger K: *keine PKH*
- Beklagter B: *PKH ohne Zahlungsbestimmungen*
  RA Z wurde beigeordnet
- Kostenentscheidung: *B trägt die gesamten Kosten*

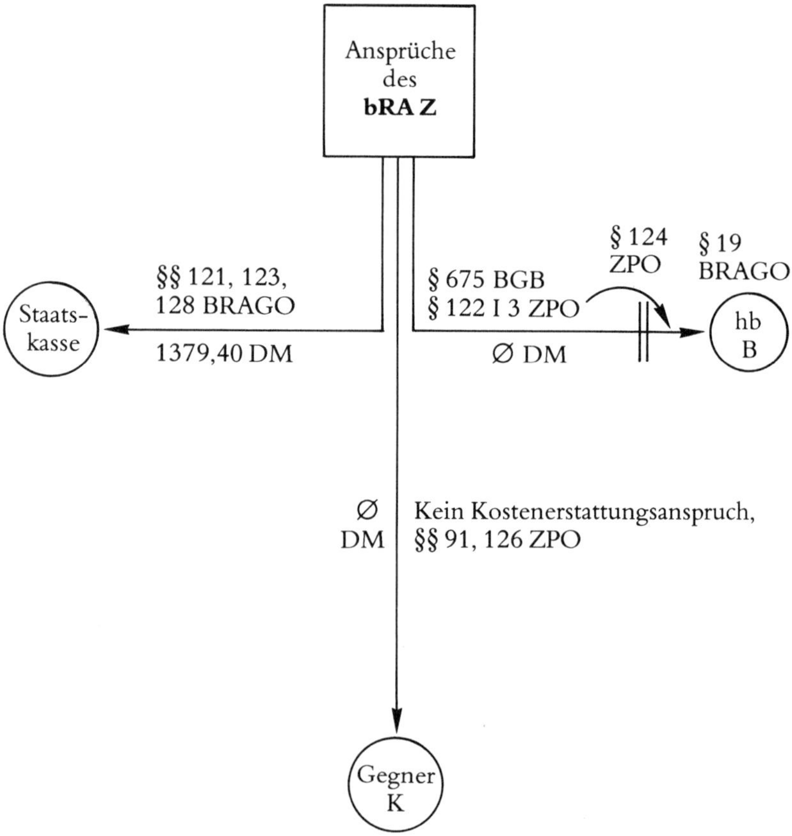

Erläuterungen:
Der beigeordnete Rechtsanwalt erhält aus der Staatskasse 1379,40 DM und fällt mit 338,58 DM aus. Da die hilfebedürftige Partei voll unterlegen ist, kann auch kein Kostenerstattungsanspruch gegen den Gegner (§§ 91, 126 ZPO) zum „Auffüllen" der Lücke herangezogen werden.
(Der hilfebedürftige B selbst kann nur dann beansprucht werden, wenn die PKH aufgehoben wird, § 124 ZPO, § 675 BGB, § 19 BRAGO.)

Ausgangsfall 1

Beispiel 5

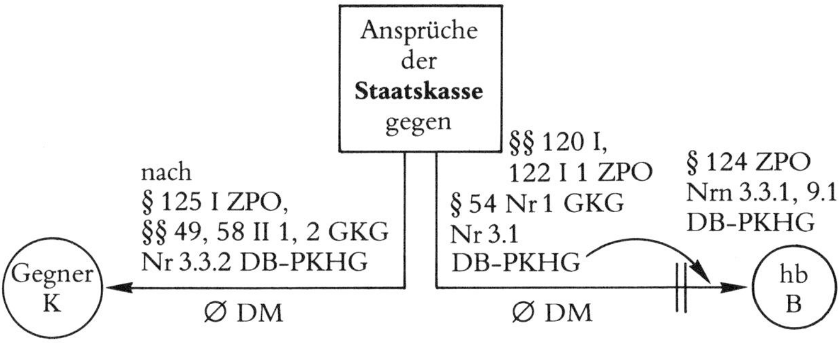

Erläuterungen:

a. Gegen den hilfebedürftigen B hat die Staatskasse keinerlei Ansprüche, da die PKH ohne Zahlungsbestimmungen bewilligt war, §§ 120 I, 122 I 1 ZPO, Nr 3.1 DB-PKHG. (Nur im Falle der Aufhebung der PKH könnte B herangezogen werden, § 124 ZPO, Nrn 3.3.1, 9.1 DB-PKHG und zwar wegen: 651,– DM Gerichtskosten und 1379,40 DM PKH-Anwaltsvergütung, § 54 Nr 1 GKG, 130 I BRAGO.)

b. Den Gegner K kann die Staatskasse ebenfalls nicht beanspruchen. Zwar haftet K als Antragsteller nach §§ 49, 58 II 1 GKG für alle Gerichtskosten als Zweitschuldner, aber: § 58 II 2 GKG, seine Haftung soll – im Hinblick auf § 123 ZPO – nicht geltend gemacht werden.
(Hinweis: Sollte K aber die Verfahrensgebühr und die Zustellauslagen mit 187,– DM bereits vorschußweise entrichtet haben – vgl. § 65 I 1 GKG – so erfolgt insoweit keine Rückerstattung aus der Staatskasse, denn § 58 II 2 GKG betrifft nach seinem Wortlaut nur künftige Ansprüche – „. . . geltend gemacht . . .“.)

c. Kostenerstattung:

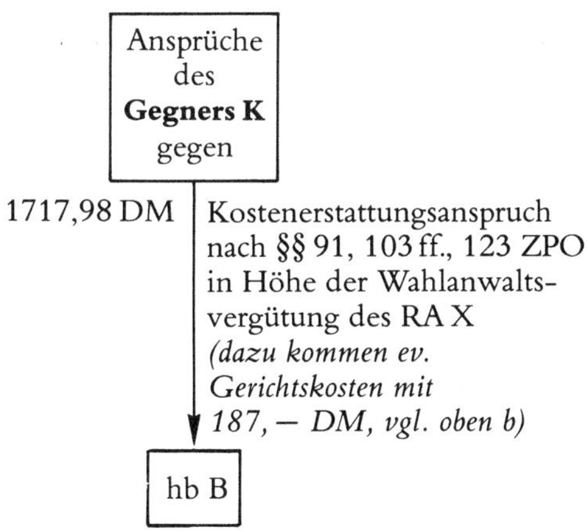

Die bewilligte PKH schützt B nicht vor der Kostenerstattungspflicht, § 123 ZPO.

Ausgangsfall 1

Beispiel 6

- Kläger K: *Keine PKH*
- Beklagter B: *PKH ohne Zahlungsbestimmungen*
  RA Z wurde beigeordnet
- Kostenentscheidung: *K trägt die gesamten Kosten*

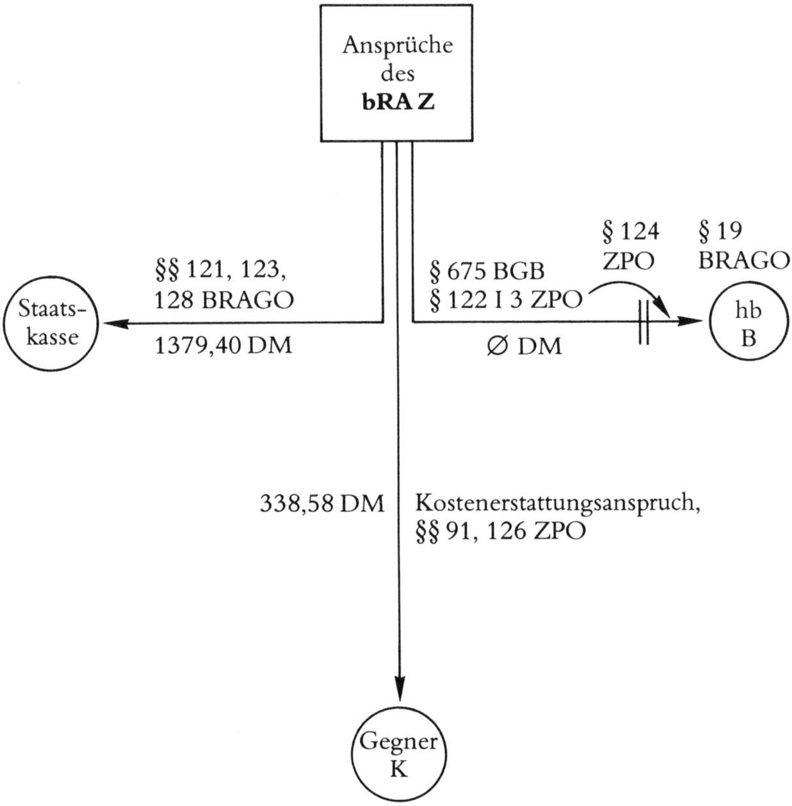

Erläuterungen:
Der beigeordnete Rechtsanwalt erhält aus der Staatskasse 1379,40 DM und kann bis zu den Regelgebühren (§ 11 BRAGO) an 1. Rangstelle den Kostenerstattungsanspruch gegen K beanspruchen, insgesamt erreicht er dann mit 1717,98 DM die Wahlanwaltsvergütung.
(Ein Anspruch gegen den hilfebedürftigen B ist durch § 122 I 3 ZPO „blockiert“ und könnte nur im Falle der Aufhebung der PKH geltend gemacht werden, § 124 ZPO, § 675 BGB, § 19 BRAGO.)

Ausgangsfall 1

Beispiel 6

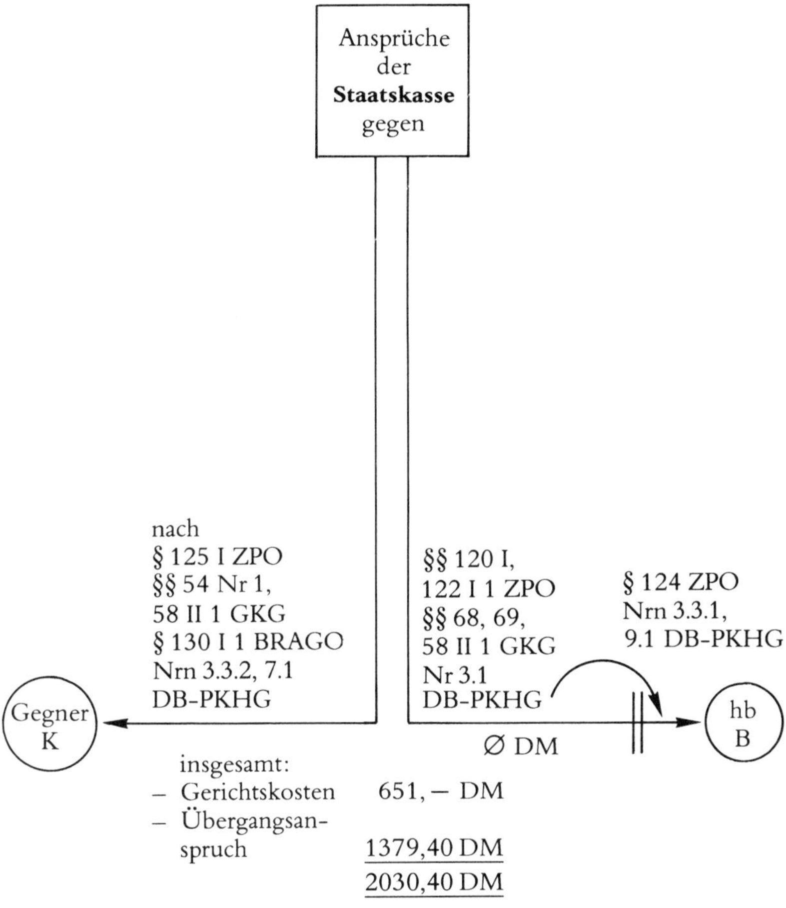

Erläuterungen:

a. Die Staatskasse kann gegen den hilfebedürftigen B keinerlei Ansprüche erheben, da die PKH ohne Zahlungsbestimmungen bewilligt wurde, §§ 120 I, 122 I 1 ZPO, Nr 3.1 DB-PKHG. (Nur im Falle der Aufhebung der PKH könnte B als Zweitschuldner herangezogen werden, § 124 ZPO, Nrn 3.3.1, 9.1 DB-PKHG, aber nur wegen: 100,– DM Zeugenentschädigung, §§ 68, 69 S 2, 58 II 1 GKG.)

b. Vom unterlegenen K kann die Staatskasse nach Rechtskraft sämtliche Gerichtskosten und dazu an 2. Rangstelle den übergegangenen Kostenerstattungsanspruch geltend machen, § 125 I ZPO, §§ 54 Nr 1, 58 II 1 GKG, § 130 I, II BRAGO, Nrn 3.3.2, 7.1 DB-PKHG.

Ausgangsfall 1

Beispiel 7

- Kläger K: *PKH ohne Zahlungsbestimmungen*
  RA X wurde beigeordnet
- Beklagter B: *PKH ohne Zahlungsbestimmungen*
  RA Z wurde beigeordnet
- Kostenentscheidung: *K trägt die gesamten Kosten*

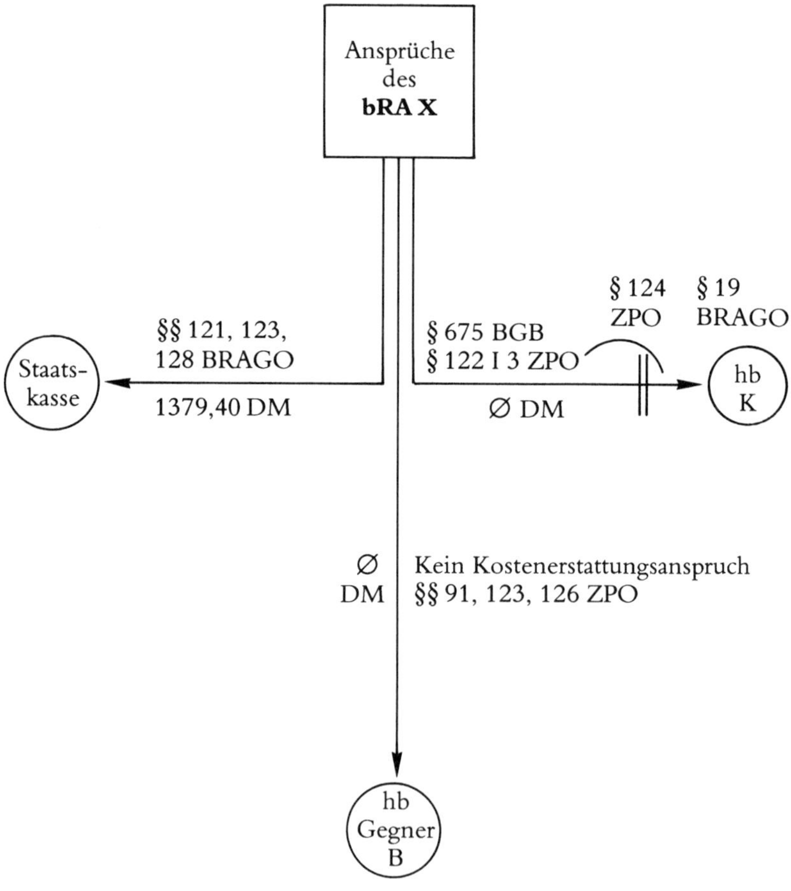

Erläuterungen:
Der beigeordnete RA X erhält aus der Staatskasse 1379,40 DM und fällt mit 338,58 DM aus. Da die eigene hilfebedürftige Partei voll unterlegen ist, kann auch kein Kostenerstattungsanspruch zum „Auffüllen" der Lücke herangezogen werden.

Ausgangsfall 1

Beispiel 7

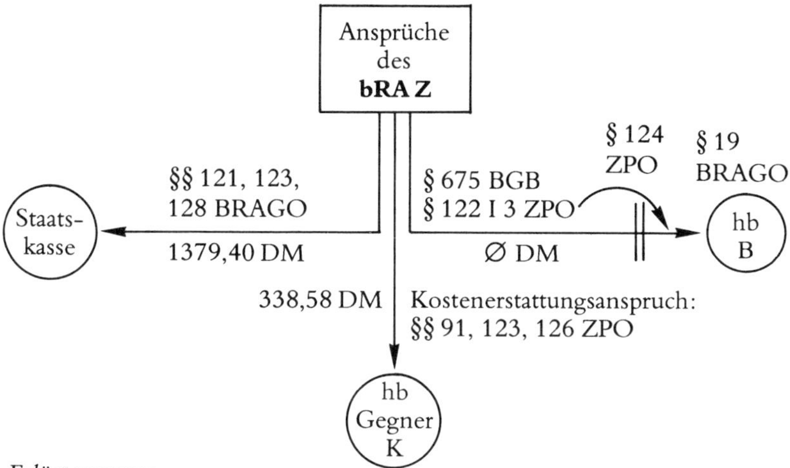

Erläuterungen:
Der beigeordnete RA Z erhält aus der Staatskasse 1379,40 DM und kann bis zu den Regelgebühren (§ 11 BRAGO) den Kostenerstattungsanspruch gegen K beanspruchen; er erhält dann mit 1717,98 DM die Wahlanwaltsvergütung.

Ausgangsfall 1

Beispiel 7

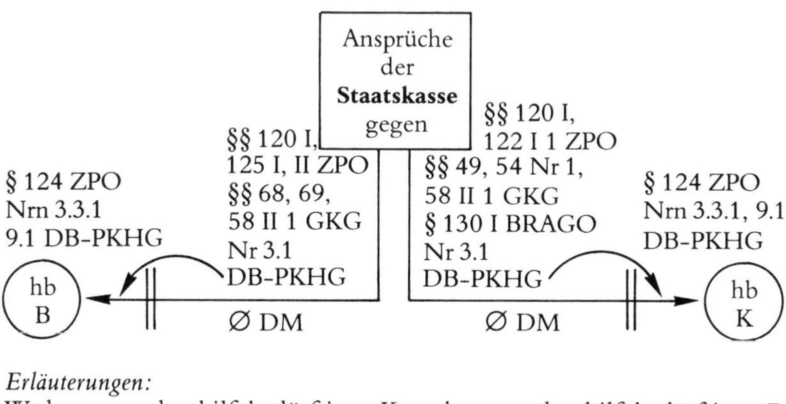

Erläuterungen:
Weder gegen den hilfebedürftigen K noch gegen den hilfebedürftigen B kann die Staatskasse Ansprüche erheben, da die PKH jeweils ohne Zahlungsbestimmungen bewilligt wurde, §§ 120 I, 122 I 1 ZPO, Nr 3.1 DB-PKHG.

Ausgangsfall 1

Beispiel 8

– Kläger K:	*PKH mit Zahlungsbestimmungen; Monatsrate 120,– DM; nach Abschluß des Rechtsstreits sind 1200,– DM gezahlt; RA X wurde beigeordnet*
– Beklagter B:	*keine PKH*
– Kostenentscheidung:	*K trägt alle Kosten*

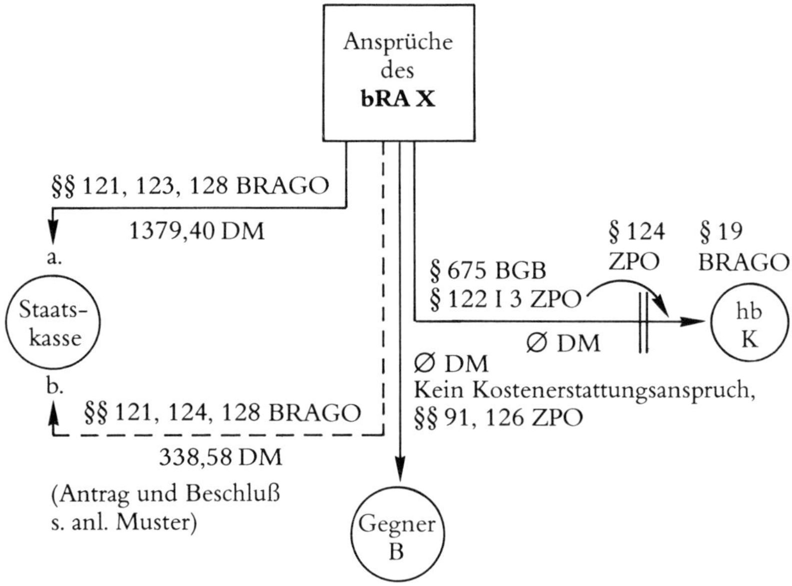

Erläuterungen:

a. Der beigeordnete Rechtsanwalt erhält aus der Staatskasse zunächst 1379,40 DM, §§ 122, 123, 128 BRAGO. Da dem hilfebedürftigen Kläger Ratenzahlungen aufgegeben sind (§ 120 I ZPO), kann der Rechtsanwalt zudem nach § 124 BRAGO eine weitere Vergütung – bis zu den Regelgebühren eines Wahlanwalts – in Höhe von 338,58 DM erhalten; Voraussetzung: sämtliche Ansprüche der Staatskasse nach § 122 I Nr 1 a, b ZPO müssen erfüllt sein. Da den hilfebedürftigen Kläger eine (abstrakte) Zahlungspflicht mit maximal 48 Monatsraten, also im Umfang von 5760,– DM trifft, kann der beigeordnete Rechtsanwalt die Wahlanwaltsvergütung erhalten. Festgesetzt wird die weitere Vergütung auf Antrag und nach Rechtskraft der Entscheidung, § 124 III BRAGO. Der Urkundsbeamte der Geschäftsstelle hat den Anwalt zur Antragstellung aufzufordern, § 128 II BRAGO, Nr 7.1 DB-PKHG.

b. Festsetzungsantrag und Festsetzungsbeschluß könnten wie folgt lauten:

Antragsteller
(Stempel des Rechtsanwalts. Angabe der Bankverbindung)

Rechtsanwalt X

Ort und Tag München, 11.12.1985

Bitte zweifach einreichen!

In dem Rechtsstreit[1])

A
Kläger / ~~Antragsteller~~

gegen

B
Beklagter / ~~Antragsgegner~~

Geschäftszeichen: 21 O 564/84

An das

Landgericht München I

beantrage ich, nachstehend berechnete Gebühren und Auslagen festzusetzen.

Ich versichere, daß ☐ die Auslagen unter Nr. 7 a während meiner Beiordnung entstanden sind

☐ der Antragsgegner mit der Zahlung der Vergütung seit im Verzug ist (§ 36 a Abs. 2 BRAGO).

Vorschüsse und sonstige Zahlungen (§ 129 BRAGO) habe ich ☒ nicht erhalten. ☐ in Höhe von DM erhalten.[2])

Aus der Staatskasse habe ich ☒ Vorschüsse (§ 127 BRAGO) ☒ nicht erhalten. ☐ in Höhe von DM erhalten.

☐ Gebühren für die Beratungshilfe (§ 132 Abs. 2 BRAGO) ☐ nicht erhalten. ☐ in Höhe von DM erhalten.

Spätere Zahlungen werde ich unverzüglich anzeigen (§ 128 Abs. 1 BRAGO).
Weitere Begründung (ggf. auf besonderem Blatt – bitte zweifach):

(Unterschrift)
Rechtsanwalt ~~Rechtsanwältin~~

1) Name, Beruf und Wohnort der Parteien (auch der Streitgenossen) - ohne Prozeßbevollmächtigte. Bei zweitinstanzlichen Sachen ist außerdem Parteirolle der Berufungsinstanz (z. B. Berufungskläger, Berufungsbeklagter) anzugeben.
2) Angabe aller Zahlungen der Partei oder eines Dritten; es ist zweckmäßig, eine Nichtanrechnung kurz zu begründen.

Kostenberechnung	Gegenstandswert DM	Vergütung nach §§ 121, 123 BRAGO DM	Regelvergütung nach §§ 11, 124, BRAGO DM	**Wird vom Gericht ausgefüllt** Festzusetzen auf
1. Prozeßgebühr	9.600,--	390,--	489,--	99,--
2. Verhandlungs-/~~Erörterungs~~gebühr	- " -	390,--	489,--	99,--
3. Beweisgebühr	- " -	390,--	489,--	99,--
4. Vergleichsgebühr				
5. ½ Prozeßgebühr (§ 32 Abs. 2 BRAGO)				
6. Aussöhnungsgebühr				
7. Post-, Telefgrafen-, Fernsprech- und Fernschreibgebühren				
a) Einzelberechnung				
b) Pauschsatz		40,--	40,--	
8. Schreibauslagen				
9.				
10.				
11.				
12.				
Summe		1.210,--	1.507,--	297,--
zuzüglich Umsatzsteuer		169,40	210,98	41,58
Summe		1.379,40	1.717,98	338,58
abzüglich Vorschüsse u. sonstige Zahlungen (ggf. soweit anzurechnen, §§ 129, 132 Abs. 2 BRAGO)		./.	./.	./.
zu zahlender Betrag:		1.379,40	Sa 1.717,98	338,58
		→	– 1.379,40	
Anspruch auf weitere Vergütung nach Maßgabe des § 124 BRAGO bis zur Höhe von:			338,58	338,58

Hans-Soldan-Stiftung Best.-Nr. **HKR 254** Kostenerstattungsantrag des im Wege der Prozeßkostenhilfe oder nach § 625 ZPO beigeordneten Rechtsanwalts in Zivilsachen, 1. Blatt (9736-VIII/85)

Urschrift

Gericht Landgericht München I — Ort und Tag München, 20.12.1985

Festsetzung

Die dem Rechtsanwalt X aus der Staatskasse zu zahlende

☐ Vergütung ☒ weitere Vergütung nach § 124 BRAGO

wird festgesetzt auf DM 338,58

(in Worten: dreihundertachtunddreißig 58/100 DM/Pf wie vor).

Klagegrund:[1]) Kaufpreisanspruch ☒ Gegenstandswert:[2]) 9.600,-- DM

☐ Vergleichswert: DM

Dem Kläger ist durch Beschluß vom 15.02.1984

☒ Prozeßkostenhilfe ohne Zahlungsbestimmung ☐ Prozeßkostenhilfe mit Zahlungsbestimmung

☒ für die 1. Instanz ☐ für

☐ für die Zwangsvollstreckung bewilligt worden.

Der Partei wurde der vorgenannte Rechtsanwalt mit Wirkung vom 15.2.1984 beigeordnet

☐ auch für das Verfahren der einstweiligen Anordnung.

☐ gemäß § 625 ZPO. Der Antragsgegner befindet sich in Verzug (§ 36 a Abs. 2 BRAGO) seit

Der Vergütungsanspruch ist fällig (§ 16 BRAGO), weil ☒ am 1.12.1984

☒ Endurteil ☐ Versäumnisurteil[3]) ☐ Anerkenntnisurteil[3]) ergangen ist.

☐ ein endgültiger Vergleich geschlossen wurde. ☐ die Beiordnung aufgehoben wurde.

☐ die Klage ☐ der Antrag ☐ die Berufung zurückgenommen wurde.

☐ der Rechtsstreit seit dem ruht.

Ausgang des Rechtsstreits im Kostenpunkt: Der Kläger trägt alle Kosten.

☐ Die Notwendigkeit der Reise am ist durch gerichtlichen Beschluß vom festgestellt worden.

☐ Dem Prozeßgegner ☐ Dem Streitgenossen ist

☐ Prozeßkostenhilfe ohne Zahlungsbestimmung ☐ Prozeßkostenhilfe mit Zahlungsbestimmung bewilligt.

☒ Berechnung der Vergütung nach § 124 BRAGO:[4])

☒ Das vorgenannte Urteil ist rechtskräftig seit 5.1.1985.

☐ Das Verfahren ist in sonstiger Weise beendet seit

Von der Partei ~~und dem Gegner~~ wurden insgesamt eingezogen	2.368,98 DM
☒ Die von der Partei zu zahlenden Beträge sind beglichen.	
☐ Eine Zwangsvollstreckung in das bewegliche Vermögen der Partei ist erfolglos geblieben oder erscheint aussichtslos.	
Gesamtbetrag der Kosten und Ansprüche nach § 122 Abs. 1 Nr. 1 ZPO:	2.030,40 DM
Für eine weitere Vergütung nach § 124 BRAGO stehen somit zur Verfügung:	338,58 DM
Der Rechtsanwalt kann nach umseitiger Berechnung gem. § 124 BRAGO noch beanspruchen:	338,58 DM
Als weitere Vergütung können somit festgesetzt werden:	338,58 DM

Begründung von Absetzungen:

(Unterschrift)

Urkundsbeamter der Geschäftsstelle

[1]) z. B. „Kauf", „Unterhalt", „Ehescheidung"; allgemeine Angaben wie „Forderung" genügen nicht.
[2]) Bestimmter Betrag (nicht Wertstufe), für Klage und Widerklage gesondert.
[3]) Ist gleichwohl die volle Verhandlungsgebühr festgesetzt, so ist die Zulässigkeit neben dem Ansatz kurz zu begründen.
[4]) Nur ausfüllen bei Festsetzung einer weiteren Vergütung nach § 124 BRAGO.

Ausgangsfall 1

Beispiel 8

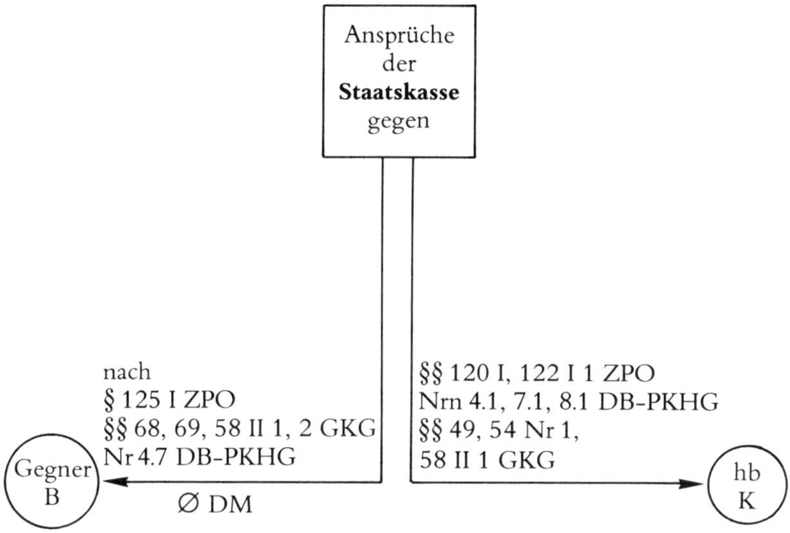

a. Zahlungspflicht abstrakt:
48 × 120,– DM = 5760,– DM

b. Zahlungspflicht konkret:

– Gerichtskosten		651,– DM
– PKH-Anwaltsvergütung X		1379,40 DM
– weitere Vergütung RA X		338,58 DM
		2368,98 DM
Raten des K	./.	1200,– DM
Restschuld		1168,98 DM

Erläuterungen:

a. Die Staatskasse kann gegen K die gesamten Gerichtskosten mit 651,– DM und die PKH-Anwaltsvergütung mit 1379,40 DM geltend machen. Darüber hinaus besteht für K noch eine weitere (Raten-)Zahlungsverpflichtung und zwar solange, bis schließlich auch die weitere Vergütung des beigeordneten Rechtsanwalts X mit 338,58 DM gedeckt ist. (Die Raten sind aber auf maximal 48 Monate begrenzt.) Insgesamt sind von K 2368,98 DM zu erbringen; da also noch eine Restschuld besteht, ist ggf. die Wiederaufnahme der Ratenzahlungen anzuordnen, Nr 8.1.1 DB-PKHG.

b. Den B kann die Staatskasse nicht heranziehen, § 125 I ZPO. Soweit B nach §§ 68, 69 S 2, 58 II 1 GKG als Antragsteller für die Zeugenentschädigung (100,– DM) als Zweitschuldner haftet, „schützt" ihn § 58 II 2 GKG.

c. Kostenerstattung:

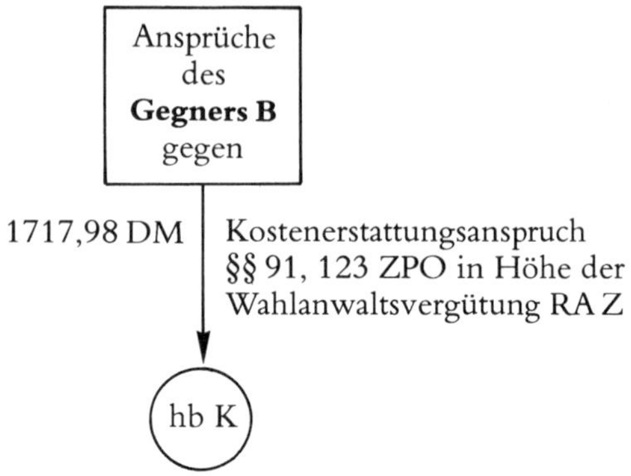

Die bewilligte Hilfe schützt K nicht vor Kostenerstattungsansprüchen des (obsiegenden) Gegners B.

Ausgangsfall 1

Beispiel 9

- Kläger K: *PKH mit Zahlungsbestimmungen; Monatsrate 120,– DM; nach Abschluß des Rechtsstreits sind 1200,– DM gezahlt; RA X wurde beigeordnet*
- Beklagter B: *keine PKH*
- Kostenentscheidung: *B trägt alle Kosten*

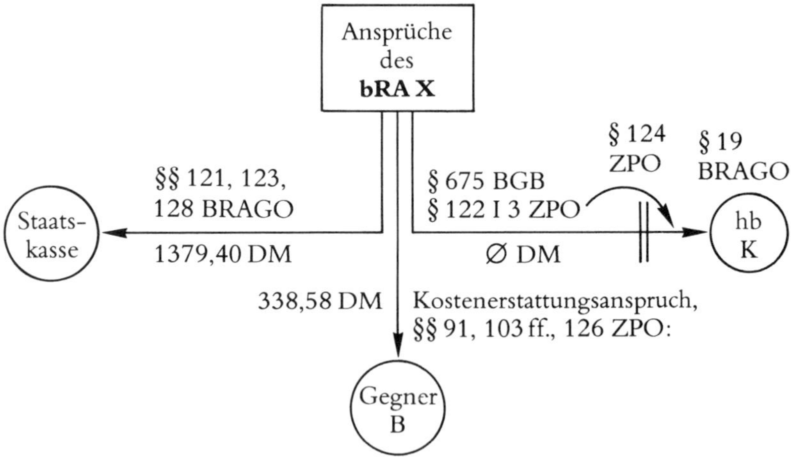

Erläuterungen:

Aus der Staatskasse erhält der beigeordnete Rechtsanwalt 1379,40 DM; daneben kann er bis zur Höhe der Regelgebühren (§ 11 BRAGO) – an erster Rangstelle – den Kostenerstattungsanspruch gegen den unterlegenen B mit 338,58 DM beanspruchen, §§ 91, 126 ZPO.

Ausgangsfall 1

Beispiel 9

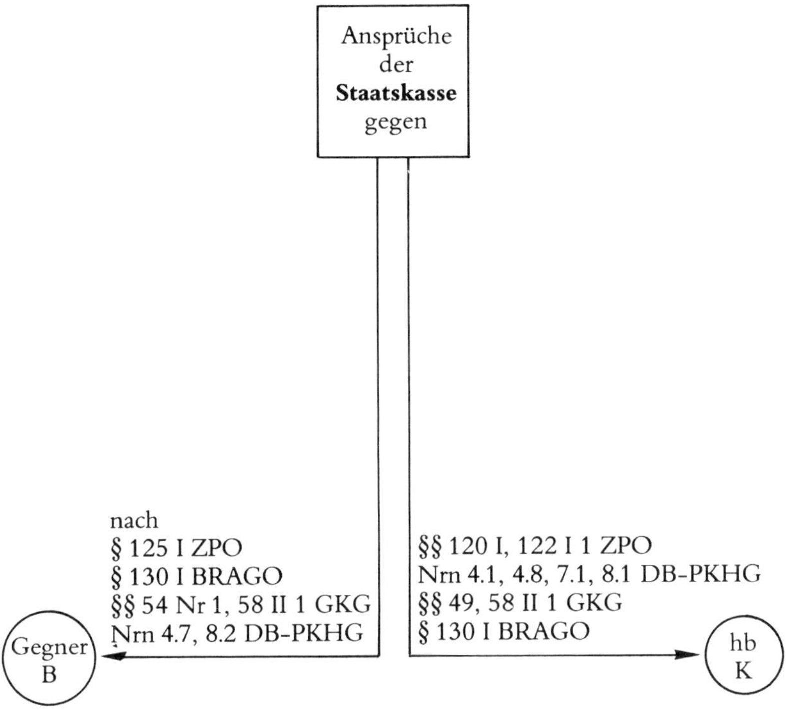

insgesamt:

a. – Gerichtskosten 651,– DM
   – Übergangsanspruch (§ 130 I BRAGO, § 91 ZPO) 1379,40 DM
   2.030,40 DM

b. ./. Zahlung des K 1200,– DM

c. Restschuld (Sollstellung) 830,40 DM

a. Zahlungspflicht abstrakt:
   48 × 120 = 5760,– DM

b. Zahlungspflicht konkret:
   wie bei B; aber: K haftet nach § 58 II 1 GKG nur subsidiär, so daß die Ratenzahlungen vorläufig einzustellen sind (§ 120 III Nr 2 ZPO, Nrn 4.6, 4.7, 7.1, 8.2 DB-PKHG).

Erläuterungen:

a. Die Staatskasse kann gegen B nach Rechtskraft die gesamten Gerichtskosten sowie den auf sie übergegangenen Erstattungsanspruch des K gegen B, also insgesamt 2030,40 DM, geltend machen, § 125 I ZPO, Nrn 4.7, 8.2 DB-PKHG. Es ergibt sich eine Restschuld in Höhe von 830,40 DM gegen B; die Zahlungen des K konnten verrechnet werden, da er nach § 49 GKG, § 130 I BRAGO für sämtliche Kosten haftet.

b. Kostenerstattung:

Ansprüche des **hb K** gegen

Berechnung:

aa. Erstattungsanspruch insgesamt:

- Gerichtskosten 651,– DM
- Wahlanwaltsvergütung des RA X 1717,98 DM

2368,98 DM

bb. Verteilung:

es entfallen davon auf

- die Gerichtskasse 830,40 DM (§ 54 Nr 1 GKG, § 130 I BRAGO)
- den PKH-Anwalt X (§ 126 ZPO) 338,58 DM
- K persönlich 1200,– DM

2368,98 DM

Kostenerstattungsspruch, § 91 ZPO: 1200,– DM

Gegner B

Ausgangsfall 1

Beispiel 10

– Kläger B:	*PKH mit Zahlungsbestimmungen: Monatsrate 120,– DM; nach Abschluß des Rechtsstreits sind 1200,– DM gezahlt; RA X war beigeordnet*
– Beklagter B:	*keine PKH*
– Kostenentscheidung:	*K trägt 1/10* *B trägt 9/10*

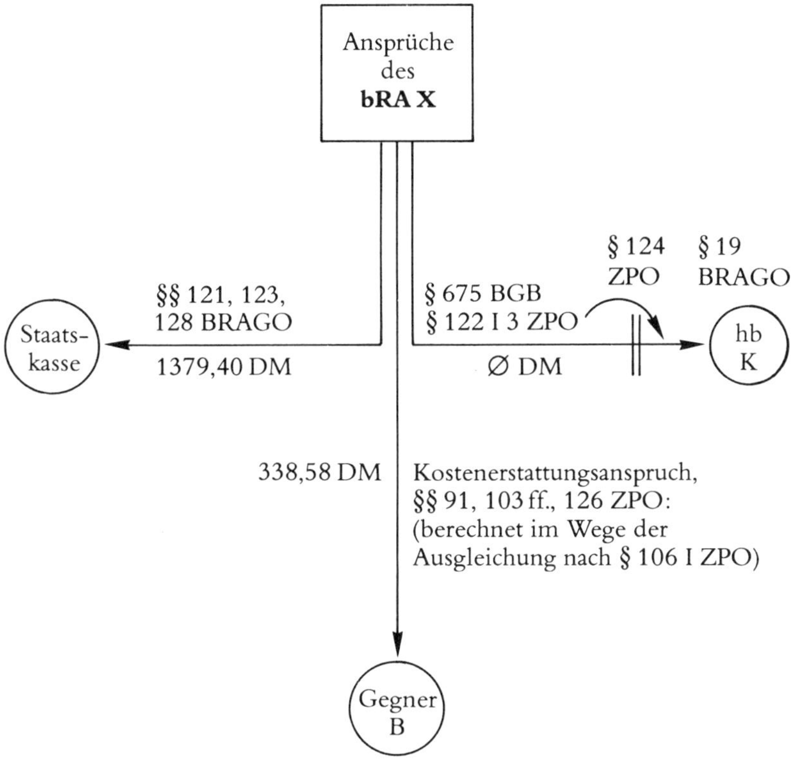

Erläuterungen:

a. Der beigeordnete Rechtsanwalt erhält aus der Staatskasse zunächst 1379,40 DM und kann an erster Rangstelle den Kostenerstattungsanspruch des K gegen den B mit 338,58 DM beanspruchen. Er erreicht dann die Regelgebühren eines Wahlanwalts mit 1717,98 DM (§§ 91, 126 ZPO, § 11 BRAGO).

b. Berechnet wird die Höhe des Kostenerstattungsanspruchs per Kostenausgleich nach § 106 I ZPO wie bei Beispiel 3 (vgl. dort).

Ausgangsfall 1

Beispiel 10

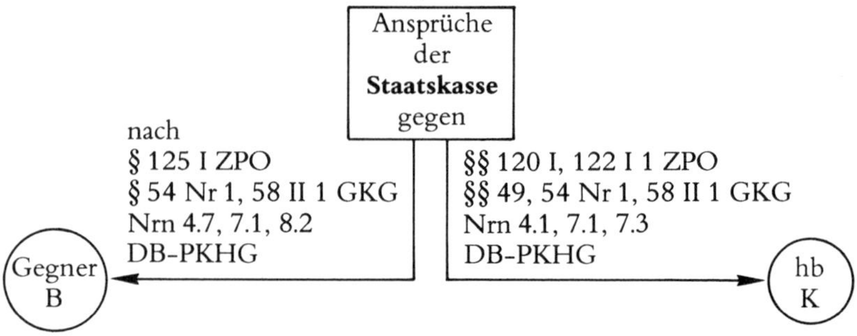

insgesamt:

a. Kostenschuld des B

– Gerichtskosten (9/10)		585,90 DM
– Übergangsanspruch, (§ 91 ZPO, § 130 I BRAGO)		1035,81 DM
insgesamt:		1621,71 DM
b. Überschuß K	./.	791,31 DM
c. Restschuld des B		830,40 DM

(Sollstellung, Nr 8.2 DB-PKHG)

a. abstrakte Zahlungspflicht:
48 × 12 = 5760,– DM

b. konkrete Zahlungspflicht:

– Gerichtskosten 1/10		65,10 DM
– PKH-Anwaltsvergütung (Rest), § 130 I BRAGO		343,59 DM
insgesamt:		408,69 DM
Raten des K	./.	1200,– DM
Überschuß		791,31 DM

(Die Ratenzahlungen des K sind vorläufig einzustellen, § 120 III Nr 2 ZPO, Nr 8.1.2 DB-PKHG.)

Erläuterungen:

a. Gegen K kann die Staatskasse insgesamt 408,69 DM als Erstschuldner geltend machen, §§ 54 Nr 1, 58 II 1 GKG, Nrn 4.1, 7.1, 7.3 DB-PKHG. Der nach Abzug der Ratenzahlungen verbleibende Überschuß kann auf die Kosten des B verrechnet werden, da K für sämtliche Kosten als Zweitschuldner haftet, §§ 49, 58 II 1 GKG, § 130 I BRAGO; K kann sich diesen verrechneten Betrag festsetzen lassen, da im Verhältnis zwischen den Parteien B erstattungspflichtig ist, § 91 ZPO.
(Hinweis:
Ist B zahlungsunfähig, so sind die vorläufig eingestellten Ratenzahlungen wieder aufzunehmen, da dann auf K als Zweitschuldner Zugriff genommen werden muß, §§ 49, 58 II 1 GKG, Nrn 4.8, 8.1 DB-PKHG.)

b. B muß also wie folgt zahlen, an

– den RA X	338,58 DM
– die Staatskasse	830,40 DM
– K persönlich	791,31 DM
	1960,29 DM

(Daneben natürlich noch an seinen Rechtsanwalt Z die Wahlanwaltsvergütung mit 1717,98 DM).

Ausgangsfall 1

Beispiel 11

- Kläger K: *keine PKH*
- Beklagter B: *PKH mit Zahlungsbestimmungen; Monatsrate 120,– DM; nach Abschluß des Rechtsstreits sind 1200,– DM gezahlt; RA Z war beigeordnet*
- Kostenentscheidung: *K trägt alle Kosten*

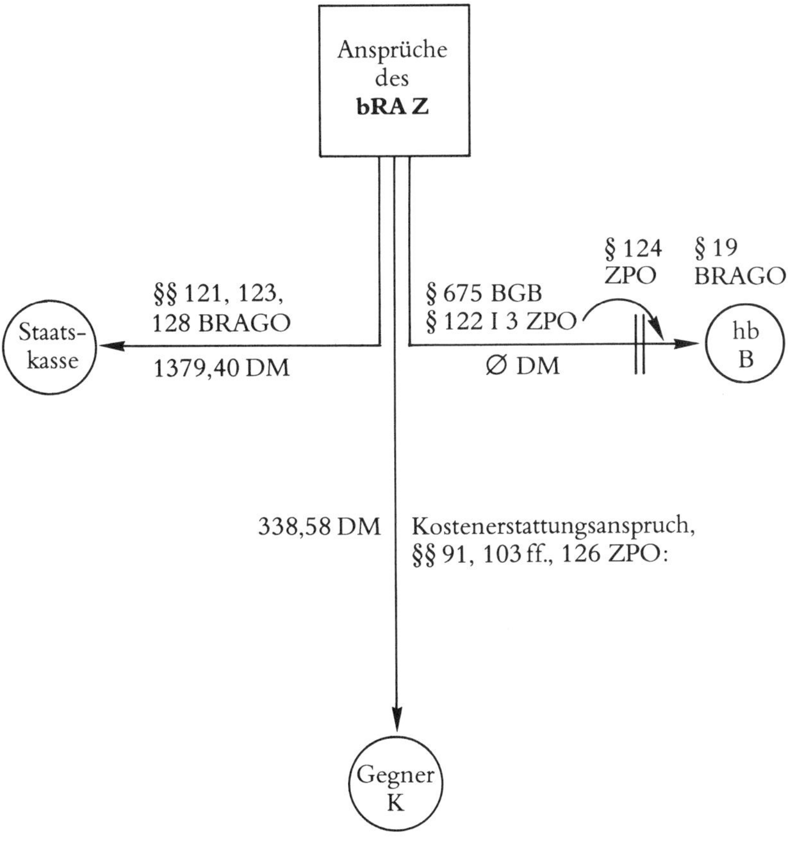

Erläuterungen:
Der beigeordnete Rechtsanwalt Z erhält aus der Staatskasse 1379,40 DM und kann bis zu den Regelgebühren (§ 11 BRAGO) den Erstattungsanspruch gegen K an erster Rangstelle beanspruchen; insgesamt erhält er mit 1717,98 DM dann die Wahlanwaltsvergütung.

Ausgangsfall 1

Beispiel 11

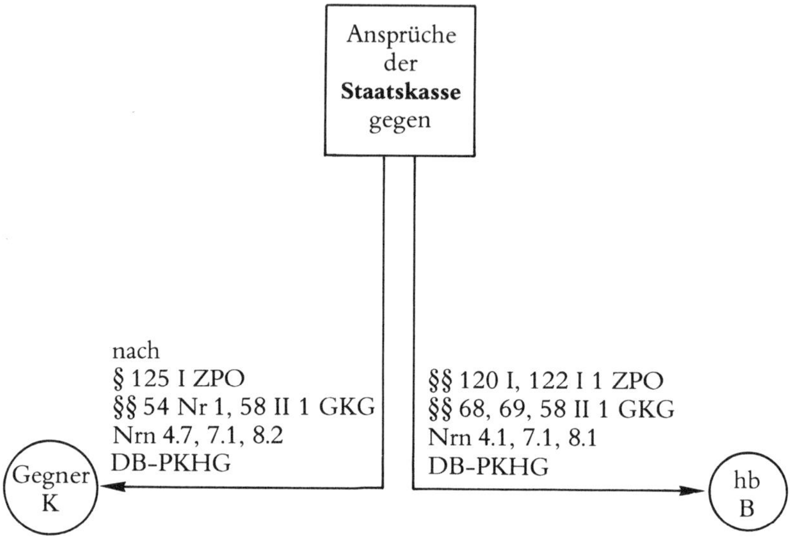

insgesamt:

a. Kostenschuld des K:
   - Gerichtskosten 651,– DM
   - Übergangsanspruch (§ 91 I ZPO, § 130 I BRAGO) 1379,40 DM

   insgesamt: 2030,40 DM

b. Raten des B ./. 1200,– DM

c. Restschuld 830,40 DM

(Sollstellung, Nrn 4.7, 8.2 DB-PKHG)

a. abstrakte Zahlungspflicht
   $48 \times 120 = 5760,–$ DM

b. Haftung des B als Zweitschuldner:
   B haftet (§§ 68, 69 GKG, § 130 I BRAGO) für:
   - Zeugenentschädigung 100,– DM
   - PKH-Anwaltsvergütung 1379,40 DM

   insgesamt: 1479,40 DM

   Raten des B ./. 1200,– DM

   restliche Haftung 279,40 DM

(Die restliche Haftung des B ist subsidiär und nur dann geltend zu machen, wenn K zahlungsunfähig ist; die Ratenzahlungen sind vorläufig einzustellen, § 120 III Nr 2 ZPO, Nrn 4.8, 8.1.2 DB-PKHG.)

Erläuterungen:

a. Da B als Zweitschuldner in Höhe von 1479,40 DM haftet, konnten die Ratenzahlungen auf die Kostenschuld des K verrechnet werden.

b. B hat aber in dieser Höhe (1200,– DM) einen Erstattungsanspruch gegen K, da im Verhältnis zwischen den Parteien den K die Kostentragungspflicht trifft, § 91 ZPO.

   K muß also wie folgt zahlen, an

– den RA Z	338,58 DM
– die Staatskasse	830,40 DM
– B persönlich	1200,– DM
insgesamt	2368,98 DM

   (Daneben natürlich auch an seinen Rechtsanwalt X die Wahlanwaltsvergütung mit 1717,98 DM.)

Ausgangsfall 1

Beispiel 12

– Kläger K: *keine PKH*
– Beklagter B: *PKH mit Zahlungsbestimmungen; Monatsrate 120,– DM; nach Abschluß des Rechtsstreits sind 1200,– DM gezahlt; RA Z war beigeordnet*
– Kostenentscheidung: *B trägt alle Kosten*

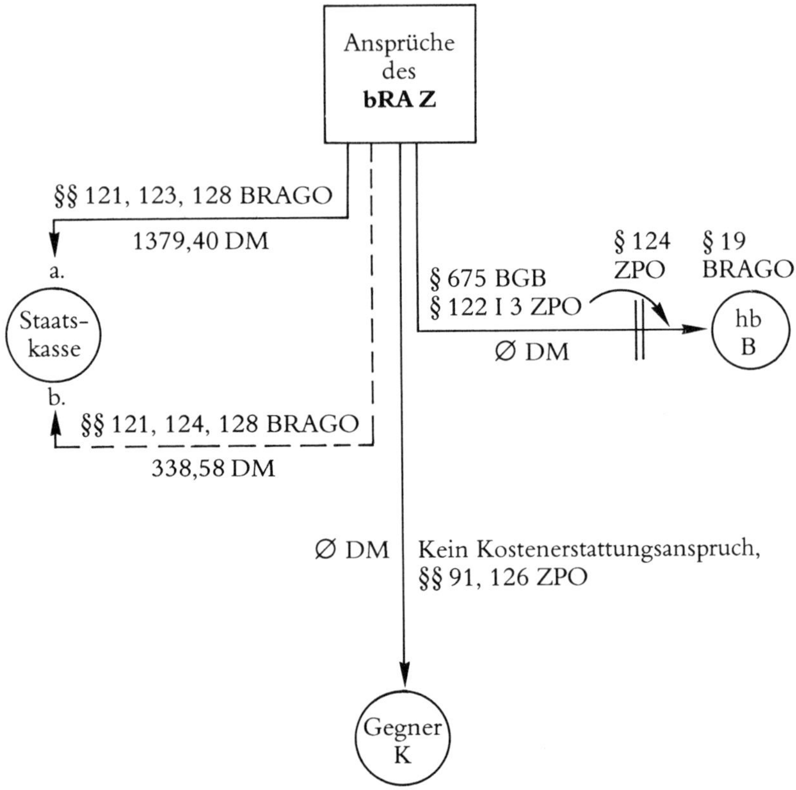

Erläuterungen:

a. Der beigeordnete Rechtsanwalt erhält zunächst aus der Staatskasse 1379,40 DM. Da der Gegner nicht erstattungspflichtig ist, kann ein Anspruch nicht geltend gemacht werden.

b. Die Lücke zu den Regelgebühren kann aber mit der weiteren Vergütung nach § 124 BRAGO geschlossen werden, da für B eine abstrakte Zahlungspflicht in Höhe von 5760,– DM besteht und die vorrangigen Ansprüche der Staatskasse nur eine Höhe von 2030,40 DM erreichen.

Ausgangsfall 1

Beispiel 12

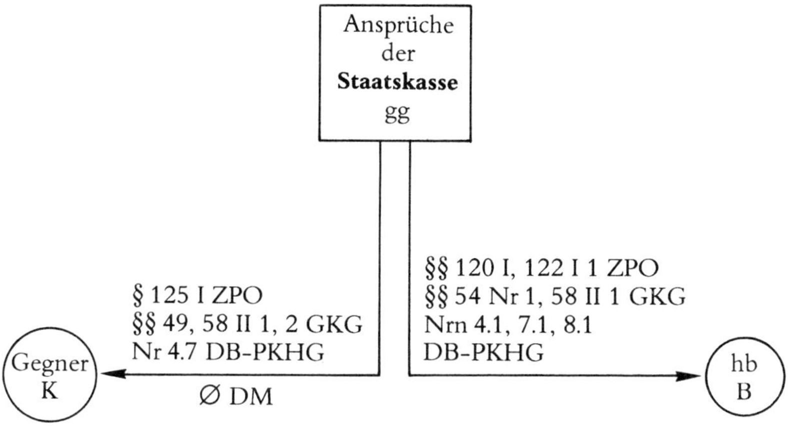

a. Zahlungspflicht abstrakt:
   48 × 12 = 5760,– DM
b. Zahlungspflicht konkret:
   - Gerichtskosten 651,– DM
   - PKH-Anwaltsvergütung (§ 130 I BRAGO) 1379,40 DM
   - weitere Vergütung des RA Z (§ 124 BRAGO) 338,58 DM

insgesamt		2368,98 DM
– Raten des B	./.	1200,– DM
Restschuld		1168,98 DM

Aktenvorlage an den Rechtspfleger, Nrn 7.1, 8.1, 8.1.1 DB-PKHG: Bestimmung des Endzeitpunkts der laufenden Ratenzahlungen, bzw. Wiederaufnahme der eingestellten Zahlungen.

Erläuterungen:

a. Zwar haftet K nach § 49 GKG für die Gerichtskosten als Zweitschuldner, aber: § 58 II 2 GKG „schützt" ihn vor einer Inanspruchnahme durch die Staatskasse.
b. B hat an K 1717,98 DM (Vergütung RA X) zu erstatten, §§ 91, 123 ZPO.

Ausgangsfall 1

Beispiel 13

– Kläger K:	*keine PKH*
– Beklagter B:	*PKH mit Zahlungsbestimmungen; Monatsrate 120,– DM; nach Abschluß des Rechtsstreits sind 1200,– DM gezahlt; RA Z war beigeordnet.*
– Kostenentscheidung:	*K trägt 9/10* *B trägt 1/10*

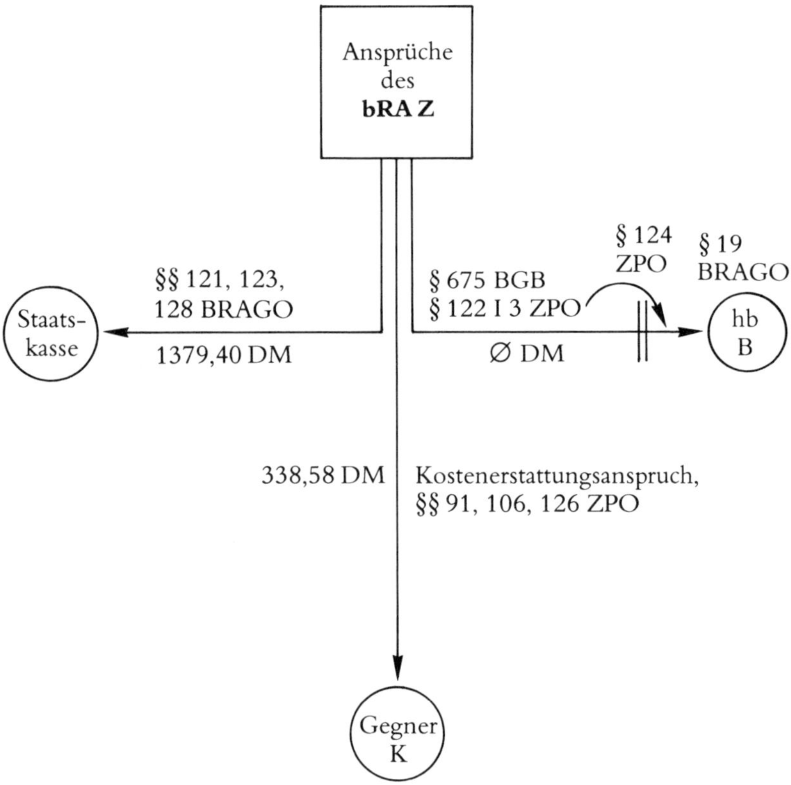

Erläuterungen:
Der beigeordnete Rechtsanwalt erhält aus der Staatskasse 1379,40 DM und kann an erster Rangstelle mit 338,58 DM den Erstattungsanspruch des B gegen den K beanspruchen; insgesamt erhält er dann mit 1717,98 DM die Wahlanwaltsvergütung, §§ 91, 126 ZPO, § 11 BRAGO. Berechnet wird der Kostenerstattungsanspruch per Kostenausgleich nach § 106 I ZPO wie bei Beispiel 10 (vgl. dort).

Ausgangsfall 1

Beispiel 13

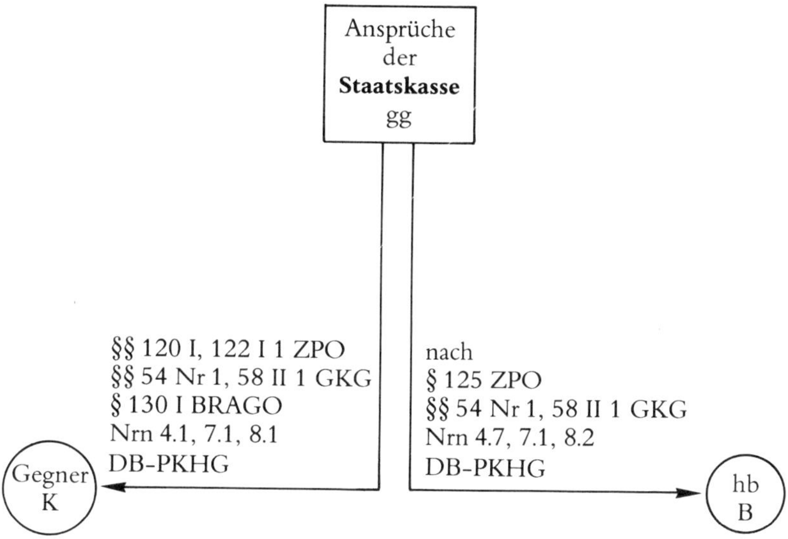

insgesamt:

a. Gerichtskosten (9/10)
585,90 DM

b. Übergangsanspruch (§ 91 ZPO, § 130 I BRAGO)
1035,81 DM

insgesamt: 1621,71 DM

Überschuß bei B ./. 791,31 DM

c. Restschuld: 830,40 DM

(Sollstellung nach Rechtskraft, Nr 8.2 DB-PKHG)

a. abstrakte Zahlungspflicht:
48 × 12 = 5760,– DM

b. konkrete Zahlungspflicht:
– Gerichtskosten (1/10)
65,10 DM
– PKH-Anwaltsvergütung (Rest) 343,59 DM

insgesamt 408,69 DM

Raten des B ./. 1200,– DM

c. Überschuß 791,31 DM

(Hinweis: Der Überschuß bei B kann auf die Kostenschuld des K verrechnet werden, da B für folgende Kosten haftet:

– 1379,40 DM (PKH-Anw. Verg., § 130 I BRAGO)

– 100,– DM (Zeugenentsch., §§ 68, 69 GKG)

1479,40 DM

Die Ratenzahlungen sind vorläufig einzustellen, § 120 III Nr 2 ZPO, Nr 8.1.2 DB-PKHG.)

Ausgangsfall 2

Beispiel 1

- Kläger K: *PKH ohne Zahlungsbestimmungen*
  RA X war beigeordnet
- Beklagter B: *keine PKH*
- Kostenregelung: *B übernimmt alle Kosten*

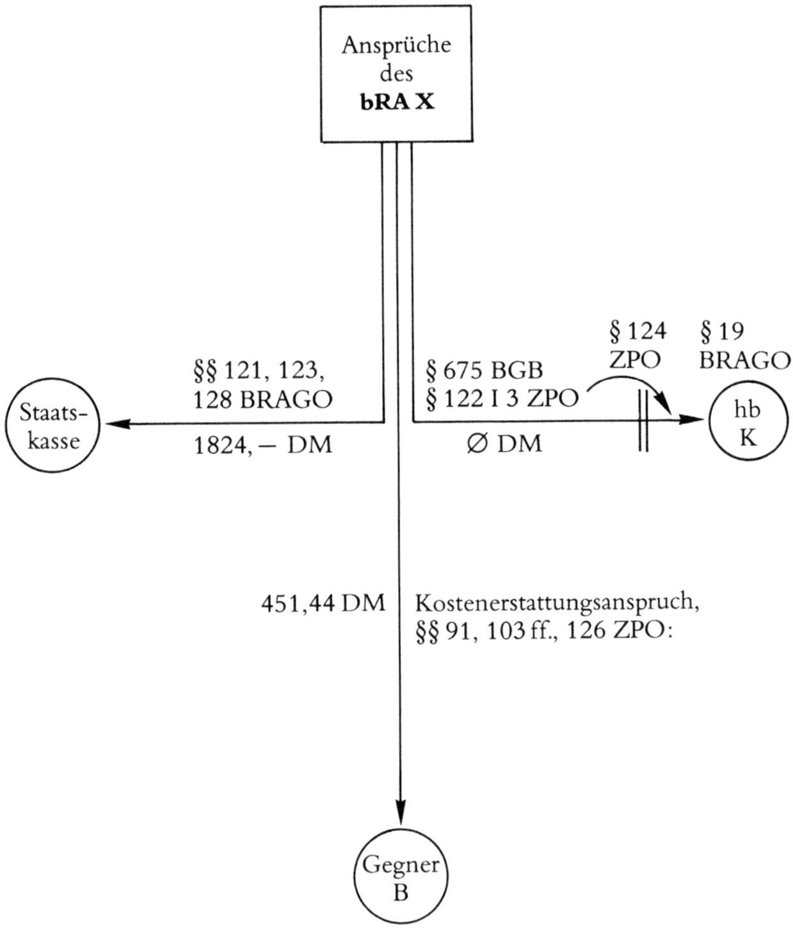

Erläuterungen:
Der beigeordnete Rechtsanwalt erhält aus der Staatskasse 1824,– DM und kann an 1. Rangstelle – bis zu den Regelgebühren (§ 11 BRAGO) – den Kostenerstattungsanspruch des K gegen den B beanspruchen; insgesamt erhält er mit 2275,44 DM die Wahlanwaltsvergütung.

Ausgangsfall 2

Beispiel 1

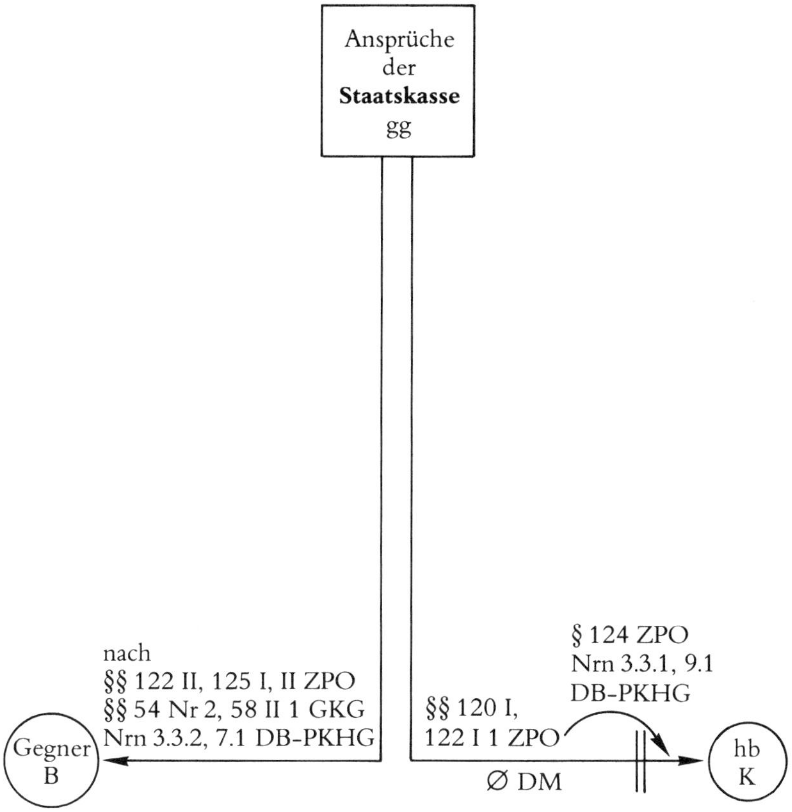

insgesamt:

a.	Gerichtskosten	287,– DM
b.	Übergangsanspruch (§ 91 ZPO, § 130 I, II BRAGO)	1824,– DM
	insgesamt:	2111,– DM
	(Sollstellung)	

Erläuterungen:
Die Staatskasse kann gegen K keinerlei Ansprüche geltend machen, da die PKH ohne Zahlungsbestimmungen bewilligt war. (Nur dann, wenn die PKH aufgehoben wird, kann K als Zweitschuldner für die gesamten Kosten beansprucht werden, §§ 49, 58 II 1 GKG, § 130 I BRAGO).

Ausgangsfall 2

Beispiel 2

- Kläger K: *PKH ohne Zahlungsbestimmungen*
  RA X war beigeordnet
- Beklagter B: *keine PKH*
- Kostenregelung: *K übernimmt alle Kosten*

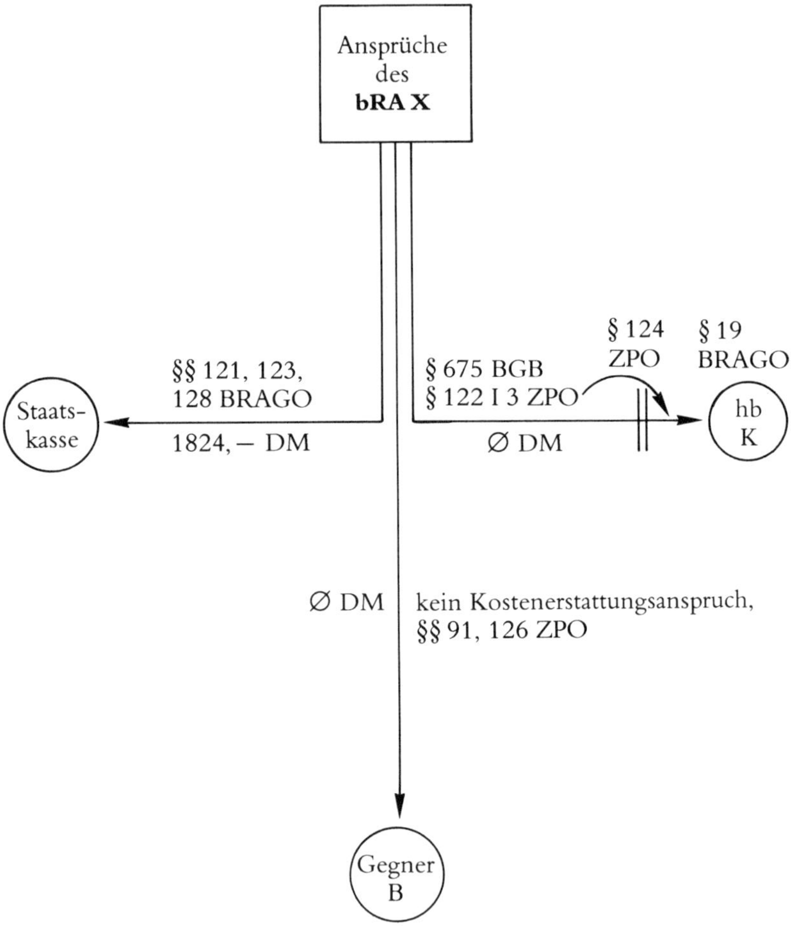

Erläuterungen:
Der beigeordnete Rechtsanwalt erhält aus der Staatskasse 1824,– DM; da K hier kein Erstattungsanspruch gegen B zusteht, fällt er aber mit den restlichen 451,44 DM aus. (Nur wenn die PKH aufgehoben wird, kann K wegen dieser 451,44 DM beansprucht werden, § 124 ZPO.)

Ausgangsfall 2

Beispiel 2

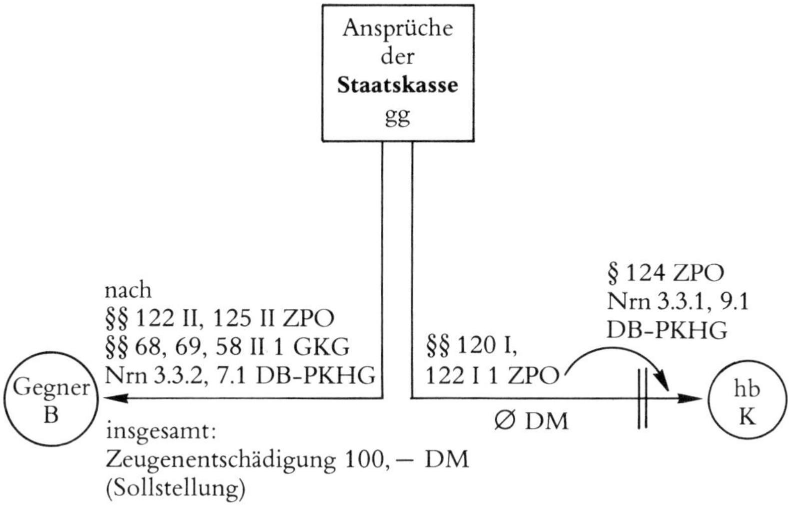

Erläuterungen:

a. Die Staatskasse kann den Gegner B als Zweitschuldner mit 100,– DM, also im Rahmen seiner Antragshaftung für die Zeugenentschädigung, beanspruchen, §§ 68, 69, 58 II 1 GKG. B ist auch nicht nach § 58 II 2 GKG „geschützt“, denn dieser „Schutz“ wird einem Zweitschuldner nur dann gewährt, wenn der Erstschuldner nach § 54 Nr 1 GKG als Entscheidungsschuldner haftet. Hier haftet aber der Erstschuldner K nach § 54 Nr 2 GKG als Übernahmeschuldner.

b. Kostenerstattung:

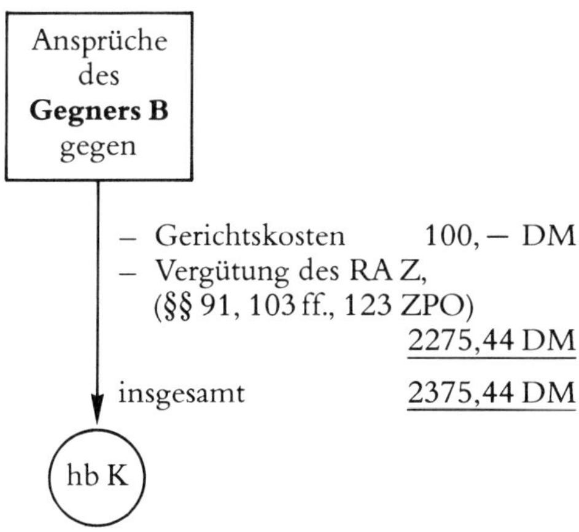

(B kann hier also auch die von ihm gezahlten Gerichtskosten gegen K geltend machen.)

Ausgangsfall 2

Beispiel 3

- Kläger K: *PKH ohne Zahlungsbestimmungen*
  RA X war beigeordnet
- Beklagter B: *keine PKH*
- Kostenregelung: *die Kosten werden gegeneinander aufgehoben*

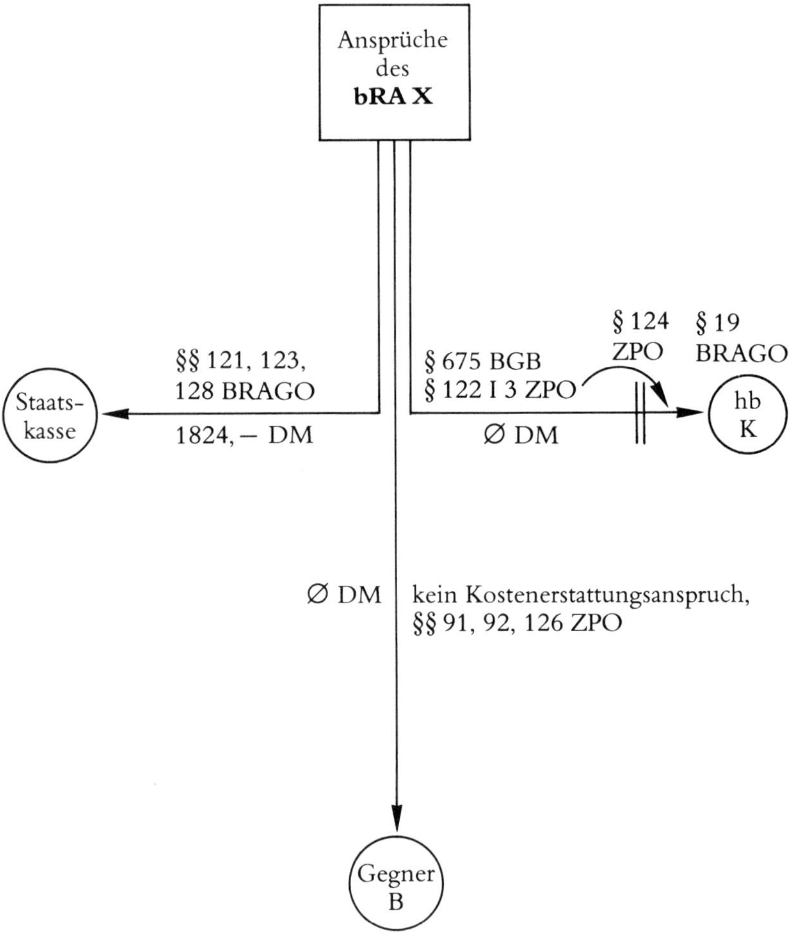

Erläuterungen:
Der beigeordnete Rechtsanwalt erhält aus der Staatskasse 1824,– DM; da gegen B kein Kostenerstattungsanspruch besteht (§ 92 ZPO), fällt er mit den restlichen 451,44 DM aus.

Ausgangsfall 2

Beispiel 3

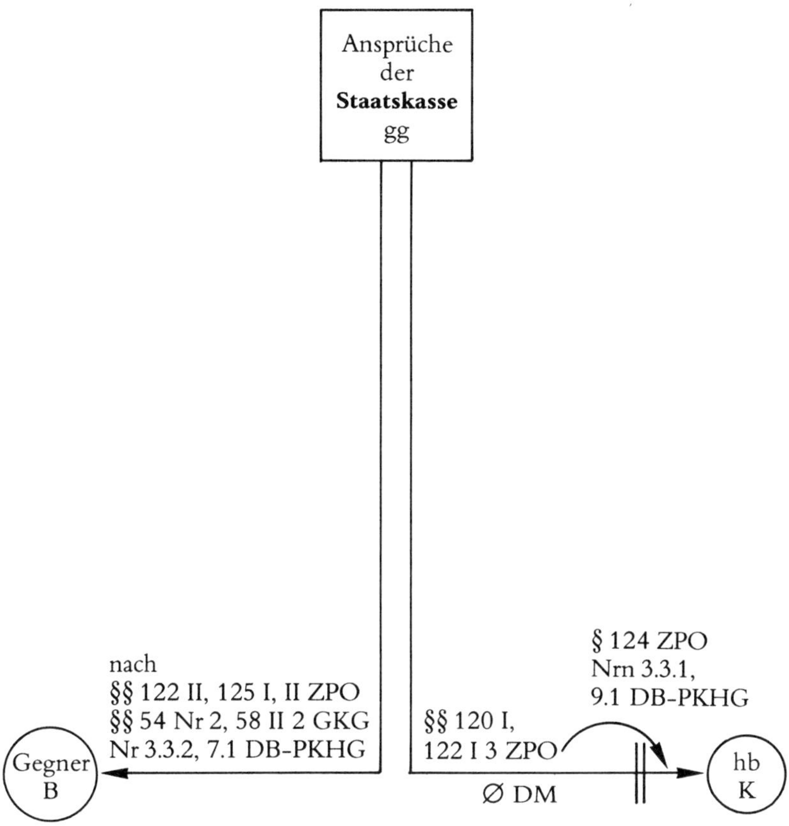

insgesamt:
Gerichtskosten (½): 143,50 DM

(Sollstellung; kein Übergangsanspruch nach § 91 ZPO, § 130 I BRAGO, da die Wirkungen des § 92 ZPO gelten.)

Erläuterungen:

a. Der Gegner B kann von der Staatskasse wegen der Gerichtskosten im Umfang seiner Übernahmehaftung nach § 54 Nr 2 GKG als Kostenschuldner beansprucht werden.

b. Gegen den hilfebedürftigen K kann die Staatskasse nur im Falle der Aufhebung der PKH Ansprüche erheben.

Ausgangsfall 2

Beispiel 4

– Kläger K:	*PKH ohne Zahlungsbestimmungen*
	RA X war beigeordnet
– Beklagter B:	*keine PKH*
– Kostenregelung:	*K übernimmt 1/10*
	B übernimmt 9/10

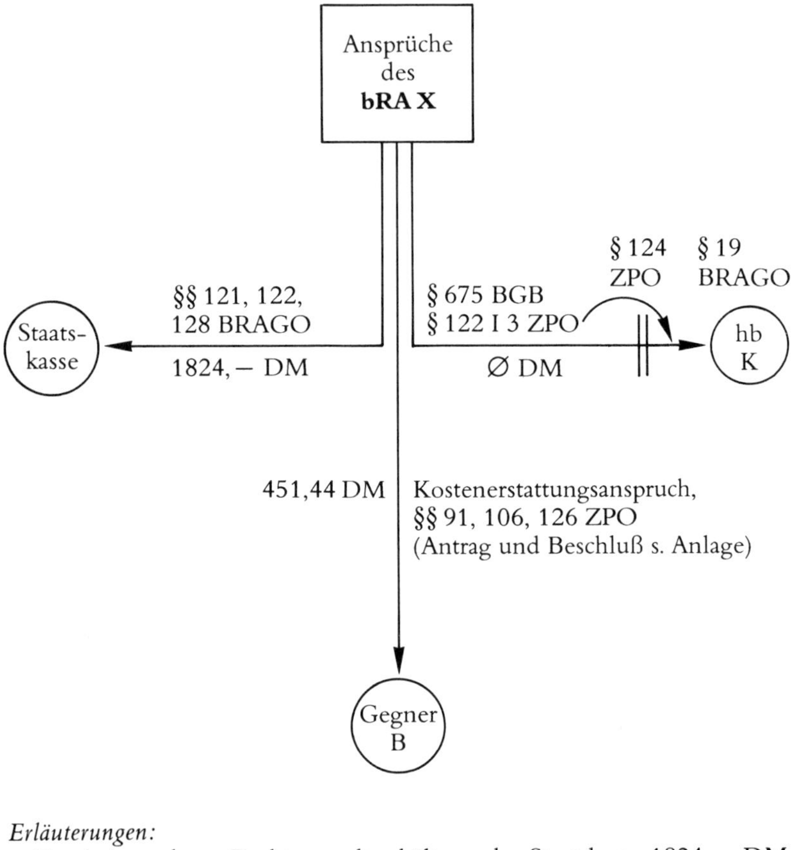

Erläuterungen:

a. Der beigeordnete Rechtsanwalt erhält aus der Staatskasse 1824,– DM und kann an 1. Rangstelle – bis zu den Regelgebühren (§ 11 BRAGO) – mit 451,44 DM den Kostenerstattungsanspruch des K gegen den B beanspruchen; insgesamt erhält er mit 2275,44 DM die Wahlanwaltsvergütung. Der Erstattungsbetrag wird per Kostenausgleich nach § 106 I ZPO ermittelt.

b. Der Antrag des Rechtsanwalts X und der gerichtliche Kostenfestsetzungsbeschluß könnten wie folgt lauten:

Rechtsanwalt X

Kostenfestsetzungsgesuch

An das
Landgericht
München I

Datum: München, 11.3.1986

Bei allen Zuschriften und Zahlungen bitte angeben:

In Sachen
Kläger A ./. Beklagten B

wird beantragt, Gesch.-Nr. 3 O 150/86

☐ vollstreckbare ☐ abgekürzte Ausfertigung des ☐ Urteils ☐ Vergleichs vom
☐ mit Zustellungsbescheinigung gem. § 213 a ZPO zu erteilen, die Kosten gemäß
☐ § 104 ZPO festzusetzen ☒ § 106 ZPO auszugleichen und gemäß ☒ § 126 ZPO festzusetzen
☐ § 19 BRAGO gegen den Auftraggeber festzusetzen (Dieser hat eine Berechnung nach § 18 BRAGO erhalten.) und dem Antragsteller eine vollstreckbare Ausfertigung des Kostenfestsetzungsbeschlusses zu erteilen und auszusprechen, daß der festgesetzte Betrag gem. § 104 Abs. 1 ZPO mit 4 % verzinst wird. Alle (weiter) gezahlten Gerichtskosten sollen hinzugesetzt werden.

Gegenstandswert: DM 9.600,--

Berechnet nach den Vorschriften der Bundesrechtsanwaltsgebührenordnung		
1. Prozeßgebühr, §§ 11, 31 I 1 (32, 53, 54), 43 I 1	DM	489,--
2. Erhöhung bei mehreren Auftraggebern, § 6	DM	
3. Antrag auf Erlaß des Vollstreckungsbescheids, §§ 11, 43 I 3	DM	
4. Erörterungsgebühr, §§ 11, 31 I 4	DM	
5. Verhandlungsgebühr, §§ 11, 31 I 2 (33 I Nr. 1–3, III),	DM	489,--
6. nichtstreitige Verhandlung, §§ 11, 33 I	DM	
7. Verhandlung nach Einspruch, §§ 11, 33 I, 38 II	DM	
8. Beweisgebühr, §§ 11, 31 I 3 (53, 54),	DM	489,--
9. Vergleichsgebühr, §§ 11, 23, 36 (65 II)	DM	489,--
10. Erledigungsgebühr, §§ 11, 24	DM	
11. Erinnerung, §§ 11, 61 I 2 (Wert: DM)	DM	
12. Beschwerde, §§ 11, 61 I 1 (Wert: DM)	DM	
13.	DM	
14.	DM	
15. Post- und Fernsprechgebühr, § 26 Pauschale – Richtigkeit versichert –	DM	40,--
16. Schreibauslagen/Fotokopien, § 27 (anwaltlich versichert, Seiten)	DM	
17. Fahrtkosten, § 28 I	DM	
18. Tage- und Abwesenheitsgeld, § 28 II	DM	
19. Übernachtungskosten, § 28 II	DM	
20.	DM	
21.	DM	
22.	DM	
23. Zwischensumme	DM	1.996,--
24. Mehrwertsteuer 14 %	DM	279,44
25. Gerichtskosten	DM	
26. Gerichtskosten aus eigenen Mitteln gezahlt (anwaltlich versichert)	DM	
27. Zustellungskosten lt. Anlage (Rückgabe erbeten)	DM	
28. Zustellungskosten hierfür (Nr. 1902 Kost. Verz. GKG)	DM	
29.	DM	
30. Zwischensumme	DM	2.275,44
31. Schon festgesetzter Betrag/Hierauf erhalten	DM	
Gesamtsumme	DM	2.275,44

(Unterschrift)

Rechtsanwalt/~~Rechtsanwältin~~

Hans-Soldan-Stiftung Best.-Nr. K 419 Kostenfestsetzungsgesuch (9734 – VIII/85 C)

Landgericht München I

~~**Amtsgericht Starnberg**~~

8000 München, 20.3.1986

Prielmayerstraße 7

~~8130 Starnberg,~~

~~Otto-Gaßner-Straße 2~~

~~Telefon: (0 81 51) 1 30 71~~

Geschäftsnummer:
(Bitte stets angeben!)

3 O 150/86

I. **Kostenfestsetzungsbeschluß**

in der Sache

A

Klagepartei
~~Antragsteller~~

Prozeßbevollmächtigter: Rechtsanwalt

X

gegen

B

beklagte Partei
~~Antragsgegner~~

Prozeßbevollmächtigter: Rechtsanwalt

Z

Die von

der beklagten Partei ☐ als Gesamtschuldner(n)

an

Rechtsanwalt X gem. § 126 I ZPO ☐ als Gesamtgläubiger(n)

nach dem

rechtswirksamen Vergleich des Landgerichts München I

zu erstattenden Kosten werden

☐ antragsgemäß

☐ einschließlich weiterer Gerichtskosten von ______ DM

auf	mit Worten: Deutsche Mark
451,44 DM	vierhunderteinundfünfzig 44/100

☐ nebst 4% Zinsen seit ______ festgesetzt.

ZP 152a: Kostenfestsetzungsbeschluß – Urschrift (5.83)
Arbeitsverwaltung Straubing

Gründe

I. Zum Kostenausgleich (§ 106 I ZPO) beantragen die Parteien folgende außergerichtliche Kosten:

a. Klagepartei	2275,44 DM
b. beklagte Partei	2275,44 DM
insgesamt:	4550,88 DM
davon trägt die Klagepartei 1/10	455,08 DM
./. eigene Kosten der Klagepartei	2275,44 DM
von der beklagten Partei zu erstatten:	1820,36 DM

II. Gesetzlicher Forderungsübergang (§ 130 I BRAGO):

a. Der Anwalt der Klagepartei hat aus der Staatskasse erhalten	1824,– DM
seine Wahlanwaltsvergütung (§ 11 BRAGO) beträgt	2275,44 DM
Erstattungsanspruch/„Lücke"	451,44 DM
b. Vom Erstattungsanspruch	1820,36 DM
gehen auf die	./. 451,44 DM
Staatskasse über	1368,92 DM

Dieser Betrag wird gem. § 130 II BRAGO geltend gemacht.

N.N.
Rechtspfleger

Ausgangsfall 2

Beispiel 4

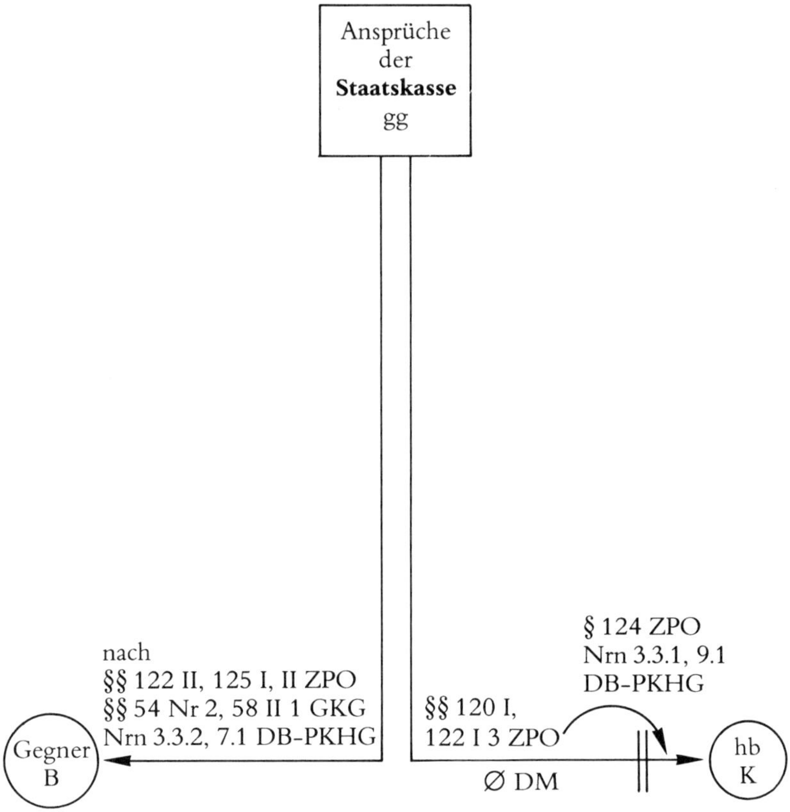

insgesamt:

a. Gerichtskosten (⁹⁄₁₀) 258,30 DM

b. Übergangsanspruch (§ 91 ZPO, § 130 I BRAGO) 1368,92 DM

1627,22 DM

(Sollstellung)

Erläuterungen:

Gegen K kann die Staatskasse keinerlei Ansprüche erheben. (Erst nach Aufhebung der PKH kann K beansprucht werden, § 124 ZPO.)

B. Der Klausurfall

Amsel, vertreten durch RA Vogel, beantragt beim Landgericht München I die Bewilligung der Prozeßkostenhilfe zur Durchführung einer Zahlungsklage gegen Bär wegen einer Forderung in Höhe von 12000,– DM. Nach Bewilligung der Prozeßkostenhilfe – Zahlungen bzw. Ratenzahlungen wurden im Bewilligungsbeschluß nicht festgesetzt – unter Beiordnung des RA Vogel erhebt dieser Klage für Amsel, die förmlich zugestellt wird. **232**

Im ersten Termin ergeht auf Antrag des RA Vogel gegen den nicht erschienenen und nicht vertretenen Bär ein Versäumnisurteil, das ihm förmlich zugestellt wird. Ordnungsgemäßer Einspruch des Bär, vertreten durch RA Tiermann. Es wird schriftsätzlich Klageabweisung beantragt. Nach streitiger Verhandlung durch die Rechtsanwälte im zweiten Termin werden zwei von Amsel und drei von Bär benannte Zeugen vernommen.

Die Zeugen des Amsel erhalten insgesamt 50,– DM, die des Bär insgesamt 60,– DM als Entschädigung ausgezahlt. Die Zeugen waren alle förmlich zum Termin geladen worden. Es ergeht dann folgendes Endurteil:

1. Alternative:
Der Beklagte wird verurteilt, an den Kläger 12000,– DM nebst Zinsen zu zahlen und die Kosten des Rechtsstreits zu tragen.

2. Alternative:
Der Kläger wird mit seiner Klage abgewiesen. Der Kläger hat die Kosten des Rechtsstreits zu tragen. Die durch die Säumnis verursachten Kosten hat der Beklagte alleine zu tragen.

3. Alternative:
Der Beklagte wird verurteilt, an den Kläger 10800,– DM zu zahlen, im übrigen wird die Klage abgewiesen. Von den Kosten des Rechtsstreites trägt der Kläger $^1/_{10}$ und der Beklagte $^9/_{10}$. Die durch die Säumnis verursachten Kosten trägt der Beklagte.

Aufgabenstellung

1. Die Gerichtskosten, die gesetzlichen Vergütungen beider Rechtsanwälte einschließlich der Vergütung des im Wege der Prozeßkostenhilfe beigeordneten Rechtsanwalts sind zu berechnen. (Dabei ist davon auszugehen, daß das Urteil begründet wurde und rechtskräftig ist. Die Anwälte machen jeweils die Auslagenpauschale und 14% Mehrwertsteuer geltend.) Bei den Gerichtskosten ist jeweils anzugeben, von wem sie einzufordern sind und wer in welcher Höhe mithaftet (Vorschüsse bleiben außer Betracht).

2. Die Rechtsanwälte beantragen im Namen ihrer Parteien die Kostenfestsetzung gem. §§ 103ff. ZPO.

Bei allen Alternativen ist der entsprechende Kostenerstattungsanspruch zu berechnen, dabei ist davon auszugehen, daß der PKH-Anwalt seine Vergütung (§ 128 BRAGO) aus der Staatskasse bereits erhalten hat.

3. Bei der 3. Alternative ist ein Kostenfestsetzungsbeschluß zu fertigen.

4. Die Prüfung gem. § 130 BRAGO ist bei allen Alternativen durchzuführen.

5. Welcher Betrag wäre bei der Alternative 2 dem PKH-Anwalt aus der Staatskasse (§ 128 BRAGO) zu erstatten, wenn er im Festsetzungsantrag angibt, daß er bereits DM 450,— als Vorschuß von seinem Mandanten erhalten hat?

Lösungshinweise:

1 Folgende Rechtsanwaltskosten sind entstanden:

Lfd. Nr.	Vorschriften BRAGO	Wert	Wahlanwalt Tabelle § 11 RA Vogel	Wahlanwalt Tabelle § 11 RA Tierm	PKH-Anw Tabelle § 123 RA Vogel	Differenz („Lücke") RA Vogel
		DM	DM	DM	DM	DM
1	Prozeßgebühr § 31 I 1	12000,—	552,—	552,—	408,—	
2	Verhandlungsgebühr (5/10) §§ 31 I 2, 33 I 1, 38 II	12000,—	276,—	–	204,—	
3	Verhandlungsgebühr § 31 I 2	12000,—	552,—	552,—	408,—	
4	Beweisgebühr § 31 I 3	12000,—	552,—	552,—	408,—	
5	Auslagenpauschale § 26 S 2	–	40,—	40,—	40,—	
6	14% Mehrwertsteuer § 25 II	–	276,08	237,44	205,52	
		Summe:	2248,08	1933,44	1673,52	574,56

Säumniskosten (§ 344 ZPO):

– 5/10 Verhandlungsgebühr (lfd. Nr. 2)	276,— DM
– anteilige Mehrwertsteuer	38,64 DM
	314,64 DM

2 Folgende Gerichtskosten sind entstanden:

Lfd. Nr.	Vorschriften GKG DM	Wert	Tabelle § 11 GKG DM	Antragshaftung Kläger § 49 GKG DM	Beklagter §§ 68, 69 GKG DM
1	1/1 Verfahrensgebühr KV 1010	12000,–	196,–	196,–	–
2	2/1 Urteilsgebühr KV 1016	12000,–	392,–	392,–	–
3	Zeugenentschädigung KV 1904	–	110,–	110,–	60,–
4	Zustellauslagen (7 ×) KV 1902	–	35,–	35,–	15,–
		Summe:	733,–	733,–	75,–

3 Zu Alternative 1 (= Der Beklagte hat die Kosten des Rechtsstreits zu tragen):

3.1 *Wahlanwaltsvergütungen:* – RA Vogel 2248,08 DM
(§ 11 BRAGO) – RA Tiermann 1933,40 DM

3.2 *PKH-Anwaltsvergütung:* – RA Vogel 1673,52 DM
(§ 123 BRAGO)

3.3 *Gerichtskosten:*
- Erstschuldner gem. §§ 54 Nr 1, 58 II 1 GKG ist der Beklagte Bär.
  Die Gerichtskosten sind von ihm nach Rechtskraft des Urteils einziehbar, §§ 122 II, 125 I, II ZPO.
- Zweitschuldner gem. §§ 49, 68, 69 GKG Kläger Amsel,
  aber: §§ 120 I, 122 I Nr 1 a ZPO

3.4 *Kostenerstattung:*
Der Beklagte Bär hat an den Kläger Amsel (§ 91 I ZPO) oder an den RA Vogel (§§ 91 I, 126 I ZPO) zu erstatten: 2248,08 DM
./. 1673,52 DM
festzusetzen (§§ 103 ff. ZPO) 574,56 DM

3.5 *Übergangsanspruch (§ 130 I BRAGO):*
Auf die Staatskasse gehen gem. § 130 I, II BRAGO an 2. Rangstelle über: 2248,08 DM
./. 574,56 DM
1673,52 DM

4 Zu Alternative 2 (=Der Kläger Amsel hat die Kosten des Rechtsstreits zu tragen; die Säumniskosten trägt der Beklagte alleine):

4.1 *Wahlanwaltsvergütung*	– RA Vogel	2248,08 DM
	– RA Tiermann	1933,40 DM
4.2 *PKH-Anwaltsvergütung*	– RA Vogel	1673,52 DM

4.3 *Gerichtskosten:* 733,– DM
- Erstschuldner gem. §§ 54 I Nr 1, 58 II 1 GKG:
  Kläger Amsel,
  aber: nicht einziehbar, §§ 120 I, 122 I Nr 1a ZPO.
- Zweitschuldner i. H. von 75,– DM ist gem. §§ 68, 69, 58 II 1 GKG:
  Beklagter Bär,
  aber: nicht einziehbar, §§ 122 II, 125 II ZPO, § 58 II 2 GKG.

4.4 *Kostenerstattung:*
- Der Kläger Amsel hat an den Beklagten Bär außergerichtliche Kosten i. H. von 1933,40 DM zu erstatten (§§ 91 I, II 1, 103 ff., 123 ZPO).
- Der Beklagte Bär hat an den Kläger Amsel oder an RA Vogel (§§ 91 I, 126 I, 344 ZPO, § 38 II BRAGO) die Säumniskosten mit 314,64 DM zu erstatten.

4.5 *Übergangsanspruch (§ 130 I BRAGO):*

– Der PKH-Anwalt Vogel hat aus der Staatskasse erhalten (§ 128 I BRAGO)	1673,52 DM
– Erstattungsanspruch gegen Bär	314,64 DM
Summe:	1988,16 DM

Da zur Wahlanwaltsvergütung immer noch eine Lücke in Höhe von 259,92 DM (2248,08 ./. 1988,16) besteht, geht kein Erstattungsanspruch auf die Staatskasse über.

5 Zu Alternative 3 (=Quotenteilung):

5.1 *Wahlanwaltsvergütung*	– RA Vogel	2248,08 DM
	– RA Tiermann	1933,40 DM
5.2 *PKH-Anwaltsvergütung*	– RA Vogel	1673,52 DM

5.3 *Gerichtskosten:*	733,– DM
– Erstschuldner gem. §§ 54 Nr 1, 58 II 1 GKG:	
Kläger Amsel mit 1/10,	73,30 DM
aber: nicht einziehbar, §§ 120 I, 122 I Nr 1a ZPO	
– Beklagter Bär mit 9/10,	659,70 DM
einziehbar: §§ 122 II, 125 I, II ZPO	

5.4 *Erstattungsanspruch:* s. KFB

5.5 *Übergangsanspruch:* s. KFB

Landgericht München I
~~Amtsgericht Starnberg~~

8000 München, 2.3.1986
Prielmayerstraße 7
~~8130 Starnberg~~
~~Otto-Gaßner-Straße 2~~
~~Telefon: (0 81 51) 1 30 71~~

Geschäftsnummer:
(Bitte stets angeben!)

21 O 85/86

I. **Kostenfestsetzungsbeschluß**

in der Sache

Amsel

Klagepartei
~~Antragsteller~~

Prozeßbevollmächtigter: Rechtsanwalt

Vogel

gegen

Bär

beklagte Partei
~~Antragsgegner~~

Prozeßbevollmächtigter: Rechtsanwalt

Tiermann

Die von

der beklagten Partei

☐ als Gesamtschuldner(n)

an

die Klagepartei

☐ als Gesamtgläubiger(n)

nach dem

rechtskräftigen Endurteil des Landgerichts München I

zu erstattenden Kosten werden

☐ antragsgemäß

☐ einschließlich weiterer Gerichtskosten von ______ DM

auf	mit Worten: Deutsche Mark
574,56 DM	fünfhundertvierundsiebzig 56/100

☐ nebst 4% Zinsen seit ______ festgesetzt.

ZP 152a: Kostenfestsetzungsbeschluß – Urschrift (5.83)
Arbeitsverwaltung Straubing

Gründe

Kostenausgleich (§ 106 I ZPO):

1. Die Gerichtskosten wurden bereits beim Kostenansatz ausgeglichen und bleiben hier unberücksichtigt.

2. Außergerichtliche Kosten des

– Klägers Amsel	2248,08 DM
– Beklagten Bär	1933,40 DM
	4181,48 DM
./. nicht ausgleichsfähige Kosten des Säumnis	314,64 DM
ausgleichsfähig	3866,84 DM
davon trägt der Kläger 1/10	386,68 DM
./. eigene Kosten des Klägers	2248,08 DM
vom Beklagten zu erstatten	1861,40 DM

3. Gesetzlicher Forderungsübergang (§ 130 I BRAGO):

a. RA Vogel hat aus der Staatskasse erhalten (§ 128 I BRAGO)	1673,52 DM
– seine Wahlanwaltsvergütung beträgt	2248,08 DM
b. Erstattungsanspruch/„Lücke" (§ 126 I ZPO)	574,56 DM
c. vom Erstattungsanspruch gegen den Beklagten	1861,40 DM
– verbleiben dem Kläger	574,56 DM
– gehen auf die Staatskasse über (§ 130 I BRAGO)	1286,84 DM

Dieser Betrag wird von der Gerichtskasse eingezogen (§ 130 II BRAGO).

N. N.
Rechtspfleger

6 Zu Alternative 5 (= Vorschuß):

– Anspruch des PKH-Anwalts Vogel gegen die Staatskasse (§ 128 I BRAGO)	1673,52 DM
– Wahlanwaltsvergütung	2248,08 DM
Differenz:	574,56 DM
Auf diese Differenz ist der Vorschuß zu verrechnen (§ 129 BRAGO)	450,– DM
verbleiben bis zur Wahlanwaltsvergütung noch	124,56 DM

Ergebnis:
An den beigeordneten RA Vogel sind trotz Vorschußzahlung 1673,52 DM aus der Staatskasse zu zahlen, da zur Wahlanwaltsvergütung weiterhin eine Lücke besteht.

C. Die PKH-Problemfälle 233

1 *Berücksichtigung von Parteiauslagen beim Kostenausgleich* 234

1.1 *Fallbeispiel:*
Klage des K, vertreten durch Rechtsanwalt X, gegen B auf Zahlung von 9600,— DM. Dem K wird PKH ohne Zahlungsbestimmungen bewilligt und Rechtsanwalt X beigeordnet. B wird durch Rechtsanwalt Z vertreten. Im Termin wird streitig verhandelt und Beweis erhoben; Endurteil: K trägt $^{4}/_{10}$, B $^{6}/_{10}$ der Kosten.

1.2 Zur Kostenfestsetzung melden an
- K: 1717,98 DM (Vergütung RA X, § 11 BRAGO; RA X hat aus der Staatskasse bereits 1379,40 DM erhalten, §§ 121, 123, 128 BRAGO),
- K: 500,— DM (Kosten für ein Privatgutachten)
- B: 1717,98 DM (Vergütung RA Z)

1.3 Kostenausgleich (§ 106 I ZPO):

– außergerichtliche Kosten des K	2217,98 DM
– außergerichtliche Kosten des B	1717,98 DM
insgesamt	3935,96 DM
davon trägt K $^{4}/_{10}$	1574,38 DM
eigene Kosten des K	./. 2217,98 DM
Erstattungsanspruch gegen B	643,60 DM

1.3.1 Aufteilung des Erstattungsbetrages:
Der Erstattungsbetrag ist nun auf die Staatskasse, den beigeordneten Rechtsanwalt X sowie K selbst zu verteilen. In welchem Verhältnis davon Beträge den 3 Beteiligten zuzuteilen sind, ist umstritten und es gibt eine Reihe von Berechnungsmethoden. Nachfolgend wird die von Riedel/Sußbauer (Rdnr 27 zu § 130 BRAGO); Drischler/Oestreich/Heun/Haupt (§ 49 GKG Vorbem Rdnr 72 ff.); Hess VGH (JVBl 64, 145); OLG München (JurBüro 82, 417) bevorzugte Berechnungsmethode dargestellt, die m. E. zum gerechtesten Ergebnis führt. Danach ist wie folgt zu teilen:

a. Teil I (PKH-Anwalt X und Staatskasse):

$$\text{Teil I} = \frac{\text{Erstattungsbetrag} \times \text{Wahlanwaltsvergütung RA X}}{\text{gesamte außergerichtliche Kosten der PKH-Partei K}}$$

$$\text{also: } \frac{643{,}60 \times 1717{,}98}{2217{,}98} = \underline{498{,}51 \text{ DM}}$$

aa. Es erhält davon dann

– der PKH-Anwalt X an 1. Rangstelle (§ 130 I 2 BRAGO) den Differenzbetrag zu den Regelgebühren	338,58 DM
– die Staatskasse an 2. Rangstelle restliche	159,93 DM

b. Teil II (PKH-Partei K):

$$\text{Teil II} = \frac{\text{Erstattungsbetrag} \times \text{PKH-Parteikosten K}}{\text{gesamte außergerichtliche Kosten der PKH-Partei}}$$

$$\text{also:} \quad \frac{643{,}60 \times 500}{2217{,}98} = \underline{145{,}09\ \text{DM}}$$

Hinweis:

Im Kostenfestsetzungsbeschluß ist der Erstattungsbetrag – je nach Antrag – entweder alleine auf den Namen der PKH-Partei oder auf den Namen des PKH-Anwalts (338,58 DM) und auf den Namen der PKH-Partei (145,09 DM) festzusetzen.
Für den Anteil der Staatskasse (159,93 DM) gilt § 130 II BRAGO (Sollstellung).

235 2 *Teilweise Bewilligung der Prozeßkostenhilfe (Teil-PKH):*

2.1 Wird die Prozeßkostenhilfe nur für einen Teil des Streitgegenstandes bewilligt oder die einmal bewilligte Hilfe nicht auch auf eine spätere Klageerweiterung oder eine Widerklage erstreckt, dann ist umstritten, wie sich die Haftung der PKH-Partei für die Gerichtskosten darstellt.

a. *Gebühren:*
Wegen der Gebühren kann nach der h. M. (vgl. BGHZ 13, 73 = NJW 1954, 1406 = Rpfleger 1959, 3; Markl GKG § 49 Vorbem Rdnr 9; Zöller/Schneider ZPO § 122 Anm 18) die PKH-Partei für den Differenzbetrag zwischen der Gebühr aus dem Gesamtstreitwert und der Gebühr aus dem PKH-Streitwert in Anspruch genommen werden. Die Degression der Gebührentabelle kommt nach dieser Methode allein der PKH-Partei zugute (daher a. A. Drischler/Oestreich/Heun/Haupt GKG § 49 Vorbem Rdnr 54; OLG München NJW 1969, 1858 = JurBüro 1969, 775).

b. *Auslagen:*
Bei der Auslagenerhebung ist zu differenzieren: Lassen sich diese alleine einem der Wertteile zuweisen, so bleiben nur die Auslagen unerhoben, die allein auf den PKH-Streitwert entfallen. Ist eine solche „Zerlegung" nicht möglich, dann fallen alle Auslagen voll unter die Prozeßkostenhilfe und bleiben unerhoben (a. A. Drischler/Oestreich/Heun/Haupt, § 49 GKG Vorbem Rdnr 55; OLG München aaO).

2.2 *Hierzu ein Beispielsfall:*
Klage des K gegen B über 10000,— DM und zwar wegen einer Kaufpreisforderung (Streitwert 6000,— DM) und einer Darlehensforderung (Streitwert 4000,— DM). PKH ohne Zahlungsbestimmungen wird nur wegen der Kaufpreisforderung bewilligt und insoweit Rechtsanwalt X beigeordnet. Im Termin wird streitig verhandelt und Beweis durch Vernehmung der Zeugen Y und Z erho-

ben. Dabei wird Y nur zur Darlehensforderung, Z hingegen wird zu beiden Forderungen vernommen. Y erhält 60,— DM und Z 50,— DM als Entschädigung. Es ergeht ein (begründetes) Endurteil: K trägt alle Kosten.

2.2.1 Folgende Gerichtskosten sind entstanden:

a.	1/1 Verfahrensgebühren aus 10 000,— DM, KV 1010	182,— DM
	2/1 Urteilsgebühr aus 10 000,— DM, KV 1016	364,— DM
	Zeugenentschädigung, KV 1904	110,— DM
	insgesamt	656,— DM

b. Von K sind zu erheben:

aa. Gebühren:
je volle Gebühr ist folgender Differenzbetrag zu erheben:

1/1 aus	10 000,— DM		182,— DM
1/1 aus	6 000,— DM	./.	134,— DM
			48,— DM (× 3)
			= 144,— DM

bb. Auslagen:

Zeugenentschädigung des Y	= 60,— DM
(die Entschädigung des Z bleibt unerhoben, da nicht getrennt werden kann)	
insgesamt	204,— DM

2.2.2 Der beigeordnete Rechtsanwalt X erhält aus der Staatskasse die Gebühren im Umfang der Beiordnung (§ 122 I BRAGO):

10/10 Prozeßgebühr, §§ 31 I 1, 121, 123 BRAGO, aus 6000,— DM	298,— DM
10/10 Verhandlungsgebühr, §§ 31 I 2, 121, 123 BRAGO, aus 6000,— DM	298,— DM
10/10 Beweisgebühr, §§ 31 I 3, 121, 123 BRAGO, aus 6000,— DM	298,— DM
Auslagenpauschale, §§ 26, 121, 126 BRAGO	40,— DM
14% Mehrwertsteuer, § 25 II, 121, 126 BRAGO	130, DM
insgesamt	1064,76 DM

Anlage

Durchführungsbestimmungen zum Gesetz über die Prozeßkostenhilfe (DB-PKHG)

Bekanntmachung des Bayerischen Staatsministeriums der Justiz
Gz. 3715–I–561/85

vom 24. Oktober 1985

1. Antrag auf Prozeßkostenhilfe

1.1 Wird ein Antrag auf Bewilligung der Prozeßkostenhilfe vor der Geschäftsstelle zu Protokoll in einem Verfahren gestellt, in dem der Vordruck für die Erklärung über die persönlichen und wirtschaftlichen Verhältnisse bei Prozeßkostenhilfe zu verwenden ist, so soll der Antragsteller auf die Bedeutung der Prozeßkostenhilfe durch Aushändigung des Vorblatts zum Vordruck hingewiesen werden.

1.2 Hat eine Partei die Bewilligung von Prozeßkostenhilfe beantragt, so sind die Akten dem Gericht vorzulegen.

1.3 Die im Klageverfahren der ordentlichen Gerichtsbarkeit sowie in Scheidungs- und Folgesachen bei einem normalen Verfahrensablauf voraussichtlich entstehenden Verfahrenskosten, bestehend aus den Gerichtsgebühren (Verfahrens- und Urteilsgebühr) zuzüglich 5 DM Zustellungsauslagen sowie drei Anwaltsgebühren (§ 11 BRAGO) zuzüglich Auslagenpauschale und Umsatzsteuer, können der dieser Verwaltungsvorschrift als Anlage 1 beigefügten Tabelle entnommen werden. Voraussichtlich entstehende weitere Auslagen werden dem jeweiligen Kostenbetrag der Tabelle hinzuzurechnen sein.

2. Mitwirkung der Geschäftsstelle

2.1 Die Vordrucke mit den Erklärungen über die persönlichen und wirtschaftlichen Verhältnisse sowie die bei der Durchführung der Prozeßkostenhilfe entstehenden Vorgänge sind in allen Fällen unabhängig von der Zahl der Rechtszüge für jeden Beteiligten in einem besonderen Beiheft zu vereinigen. Dies gilt insbesondere für Kostenrechnungen, Zahlungsanzeigen über Monatsraten und sonstige Beträge (§ 120 Abs. 1 ZPO), Festsetzungen nach § 128 BRAGO nebst Durchschrift der Auszahlungsanordnung sowie für Entscheidungen über die vorläufige Einstellung oder die Wiederaufnahme der Zahlungen (§ 120 Abs. 3 ZPO). Zu dem Beiheft sind ferner Durchschriften der die Prozeßkostenhilfe betreffenden gerichtlichen Entscheidungen zu nehmen; ist Prozeßkostenhilfe ohne Zahlungsbestimmung bewilligt oder ist der Antrag zurückgewiesen worden, so reicht ein auf dem Umschlag des Beihefts anzubringender Hinweis auf den Akteninhalt aus. Das Beiheft sowie die darin zu verwahrenden Schriftstücke erhalten hinter dem Aktenzeichen den Klammerzusatz (PKH). Werden die Prozeßakten zur Entscheidung über ein Rechtsmittel dem Rechtsmittelgericht vorgelegt, so ist den Akten das Beiheft beizufügen. Bei Versendung der Akten an nicht beteiligte Gerichte oder Dienststellen ist das Beiheft zurückzubehalten.

2.2 Hat das Gericht Prozeßkostenhilfe bewilligt, so vermerkt die Geschäftsstelle auf dem Aktendeckel neben dem Namen der Partei „Prozeßkostenhilfe mit/ohne Zahlungsbestimmung bewilligt Blatt ...".

2.3 Dem Kostenbeamten sind die Akten – unbeschadet der Bestimmungen der Kostenverfügung – vorzulegen, sobald

2.3.1 das Gericht Prozeßkostenhilfe bewilligt hat,

2.3.2 die Entscheidung über die Prozeßkostenhilfe geändert worden ist,

2.3.3 das Rechtsmittelgericht andere Zahlungen als das Gericht der Vorinstanz bestimmt hat,

2.3.4 das Gericht die Bewilligung der Prozeßkostenhilfe aufgehoben hat,

2.3.5 bei Prozeßkostenhilfe mit Zahlungsbestimmung die Einstellung der Zahlung oder deren Wiederaufnahme angeordnet worden ist,

2.3.6 ein Verfahren, in dem Prozeßkostenhilfe mit Zahlungsbestimmung bewilligt ist (vgl. Nrn. 6.2 und 6.3), an ein oder von einem Gericht eines anderen Landes verwiesen oder abgegeben wurde.

2.4 Dem Rechtspfleger sind die Akten in folgenden Fällen vorzulegen:

2.4.1 nach Eingang der mit der Bestätigung der Sollstellung versehenen Urschrift der Kostenrechnung oder nach Verweisung oder Abgabe des Verfahrens von einem anderen bayerischen Gericht zur Bestimmung einer Wiedervorlagefrist zur Prüfung der vorläufigen Einstellung der Zahlungen (§ 120 Abs. 3 Nr. 1 ZPO),

2.4.2 nach Eingang einer Mitteilung der Kasse, daß die Partei mit der Zahlung einer Monatsrate oder eines sonstigen Betrages länger als drei Monate im Rückstand ist (vgl. § 124 Nr. 4 ZPO) oder daß ein solcher rückständiger Betrag bezahlt wurde,

2.4.3 wenn sich nach einer vorläufigen Einstellung der Zahlungen (§ 120 Abs. 3 Nr. 1 ZPO) Anhaltspunkte dafür ergeben, daß die bisherigen Zahlungen die voraussichtlich entstehenden Kosten nicht decken,

2.4.4 bei jeder Veränderung des Streitwertes,

2.4.5 wenn der Gegner Zahlungen auf Kosten leistet,

2.4.6 nach Unterbrechung, Aussetzung oder Ruhen eines Verfahrens, in dem Prozeßkostenhilfe mit Zahlungsbestimmungen bewilligt ist,

2.4.7 wenn eine Entscheidung über die Kosten ergeht oder diese vergleichsweise geregelt werden (§ 120 Abs. 3 Nr. 2 ZPO),

2.4.8 wenn die Akten nach Beendigung eines Rechtsmittelverfahrens an die erste Instanz zur Überprüfung zurückgegeben werden, ob die Zahlungen nach § 120 Abs. 3 ZPO vorläufig einzustellen sind,

2.4.9 wenn nach Ansatz der Kosten zu Lasten des Gegners eine Zweitschuldneranfrage der Gerichtskasse eingeht und die Partei, der Prozeßkostenhilfe mit Zahlungsbestimmung bewilligt ist, als Zweitschuldner nach § 58 Abs. 2 Satz 1 GKG in Anspruch genommen werden kann (Nr. 4.8).

3. **Bewilligung von Prozeßkostenhilfe ohne Zahlungsbestimmung**

3.1 Soweit und solange ein Kostenschuldner nach den Vorschriften der Zivilprozeßordnung von der Entrichtung der Kosten deshalb befreit ist, weil ihm oder seinem Gegner Prozeßkostenhilfe ohne Zahlungsbestimmung bewilligt ist, wird wegen dieser Kosten eine Kostenrechnung (§ 27 KostVfg) auf ihn nicht ausgestellt.

3.2 Waren Kosten bereits vor der Bewilligung angesetzt und der Gerichtskasse zur Einziehung überwiesen, so ersucht der Kostenbeamte die Gerichtskasse, die Kostenforderung zu löschen, soweit die Kosten noch nicht gezahlt sind.
Die Rückzahlung bereits entrichteter Kosten ist nur dann anzuordnen, wenn sie nach dem Zeitpunkt gezahlt sind, in dem die Bewilligung wirksam geworden ist.

3.3 Der Kostenbeamte hat den Eintritt der gesetzlichen Voraussetzungen, unter denen die Kosten von der Partei, der Prozeßkostenhilfe ohne Zahlungsbestimmung bewilligt ist, und dem Gegner eingezogen werden können, genau zu überwachen. Zu beachten ist dabei folgendes:

3.3.1 Zu Lasten der Partei dürfen die außer Ansatz gelassenen Beträge nur aufgrund einer gerichtlichen Entscheidung angesetzt werden, durch die die Bewilligung aufgehoben worden ist (§ 124 ZPO).

3.3.2 Zu Lasten des Gegners sind die Kosten, von deren Entrichtung die Partei befreit ist, erst anzusetzen, wenn der Gegner rechtskräftig in die Prozeßkosten verurteilt ist oder sie durch eine vor Gericht abgegebene oder dem Gericht mitgeteilte Erklärung übernommen hat oder sonst für die Kosten haftet (§ 125 Abs. 1 ZPO, § 54 GKG); dies gilt auch für die Geltendmachung von Ansprüchen, die nach § 130 BRAGO auf die Bundes- oder Landeskasse übergegangen sind. Die Gerichtskosten, von deren Zahlung der Gegner einstweilen befreit ist (§ 122 Abs. 2 ZPO), sind zu seinen Lasten anzusetzen, wenn er rechtskräftig in die Prozeßkosten verurteilt ist oder der Rechtsstreit ohne Urteil über die Kosten durch Vergleich oder in sonstiger Weise beendet ist (§ 125 Abs. 2 ZPO). Wird ein Rechtsstreit, in dem dem Kläger, Berufungskläger oder Revisionskläger Prozeßkostenhilfe ohne Zahlungsbestimmung bewilligt ist, mehr als sechs Monate nicht betrieben, ohne daß das Ruhen des Verfahrens (§ 251

ZPO) angeordnet ist, so stellt der Kostenbeamte durch Anfrage bei den Parteien fest, ob der Rechtsstreit beendet ist. Gibt keine der Parteien binnen angemessener Zeit eine Erklärung ab, so setzt er auf den Gegner die diesem zur Last fallenden Kosten an. Das gleiche gilt, wenn die Parteien den Rechtsstreit trotz der Erklärung, daß er nicht beendet sei, auch jetzt nicht weiter betreiben oder wenn der Gegner erklärt, der Rechtsstreit ruhe oder sei beendet.

4. **Bewilligung der Prozeßkostenhilfe mit Zahlungsbestimmung**

4.1 Vom Gericht zugleich mit der Bewilligung der Prozeßkostenhilfe festgesetzte Monatsraten und/oder aus dem Vermögen zu zahlende Beträge (§ 120 Abs. 1 ZPO) werden nach Einreichung der Klage oder, falls das Gericht für den Beginn der Zahlungen einen späteren Termin bestimmt hat, rechtzeitig vor diesem Zeitpunkt der Gerichtskasse wie Kostenforderungen zur Einziehung überwiesen. Der Kostenbeamte überweist der Gerichtskasse zunächst einen fiktiven Höchstbetrag zur Einziehung, der bei der Festsetzung

a) eines festen Betrages dem festen Betrag
b) mehrerer Teilbeträge der Summe der festgesetzen Teilbeträge
c) von Monatsraten (vgl. Anlage 1 zu § 114 ZPO) dem 48fachen Monatsbetrag
d) von Monatsraten zugleich mit einem festen Betrag und/oder mehrerer Teilbeträge dem 48fachen Monatsbetrag und dem festen Betrag und/oder den Teilbeträgen

entspricht. Monatsraten, Teilbeträge und einmalige Zahlungen sowie deren Fälligkeitstermine sind in der Urschrift und der Reinschrift der Kostenrechnung anzugeben; in der Urschrift ist auch der fiktive Höchstbetrag zu vermerken (vgl. Muster in der Anlage 2). Kann bei Vorlage der Akten an den Kostenbeamten die endgültige Höhe der von der Partei, der Prozeßkostenhilfe mit Zahlungsbestimmung bewilligt ist, zu zahlenden Kosten bereits konkret berechnet werden (z. B. bei Bewilligung von Prozeßkostenhilfe nach Erlaß einer das Verfahren beendenden Entscheidung oder Abschluß eines Vergleichs), so ist dieser Betrag als Höchstbetrag zur Einziehung zu überweisen.
Eine Abschrift des Beschlusses über die Bewilligung der Prozeßkostenhilfe ist beizufügen.

4.2 Sind vor Bewilligung der Prozeßkostenhilfe Gerichtskosten angesetzt und der Gerichtskasse zur Einziehung überwiesen, so ist zu prüfen, ob und gegebenenfalls wann diese bezahlt worden sind. Ist eine Zahlung noch nicht erfolgt, so veranlaßt der Kostenbeamte die Löschung des Kostensolls.

4.3 Zahlungen vor Wirksamwerden der Prozeßkostenhilfe sollen erst bei der Prüfung nach § 120 Abs. 3 Nr. 1 ZPO berücksichtigt werden, spätere Zahlungen sind auf die nach § 120 Abs. 1 ZPO zu leistenden anzurechnen.

4.4 Bestimmt das Rechtsmittelgericht andere Zahlungen als das Gericht der Vorinstanz, so ist (vorbehaltlich der Nr. 4.5) von dem Kostenbeamten des Rechtsmittelgerichts eine entsprechende Änderung der Zahlungen zu veranlassen. In der neuen Reinschrift der Kostenrechnung ist darauf hinzuweisen, daß die bisherige Zahlungsaufforderung zu dem Zeitpunkt gegenstandslos wird, ab dem die vom Rechtsmittelgericht festgelegten Zahlungen zu leisten sind. Zur kassenmäßigen Abwicklung ist

4.4.1 bei Ermäßigung der Zahlungen eine Teillöschung des Höchstbetrages (Nr. 4.1) zu veranlassen,

4.4.2 bei Erhöhung der Zahlungen ein entsprechender zusätzlicher Betrag zum Soll zu stellen. Nr. 4.1 Abs. 2 Satz 2 und Abs. 3 gelten entsprechend. Die Sollstellung muß bei der Gerichtskasse vorgenommen werden, die die vom Gericht der Vorinstanz bestimmten Zahlungen zum Soll gestellt hat; dabei ist unter Angabe des Kassenzeichens auf die frühere Sollstellung hinzuweisen.

4.5 Für Zahlungen, die während der Anhängigkeit des Verfahrens vor einem Gerichtshof des Bundes zu leisten sind, gilt folgendes:

4.5.1 Die Einziehung der an die Landeskasse zu leistenden Zahlungen (§ 120 Abs. 2 ZPO) hat der Kostenbeamte des Gerichts des ersten Rechtszuges nach den Hinweisen des Kostenbeamten des Gerichtshofes zu veranlassen. Dabei werden dem Kostenbeamten die Entscheidungen des Gerichtshofes, soweit sie die Prozeßkostenhilfe betreffen, in beglaubigter Abschrift mitgeteilt. Bestimmt der Gerichtshof keine anderen Zahlungen als das Gericht der Vorinstanz, ist eine Teillöschung oder zusätzliche Sollstellung nicht veranlaßt; die Partei und die Gerichtskasse sind lediglich zu unterrichten. Der Zahlungsverzug (vgl. § 124 Nr. 4 ZPO, Nr. 10.4.1) ist dem Gerichtshof anzuzeigen. Nach Rückkehr der Akten vom Rechtsmittelgericht werden die angefallenen Vorgänge mit dem Beiheft vereinigt.

4.5.2 Zahlungen, die nach § 120 Abs. 2 ZPO an die Bundeskasse zu leisten sind, werden von der Geschäftsstelle des Gerichtshofs angefordert und überwacht.

4.6 Bestimmt der Rechtspfleger, daß die Zahlungen einstweilen einzustellen sind oder ordnet er die Wiederaufnahme der Zahlungen an, so verständigt der Kostenbeamte unverzüglich die Kasse.

4.7 Zu Lasten des Gegners der Partei, der Prozeßkostenhilfe bewilligt ist, sind die unter die Bewilligung fallenden Kosten erst anzusetzen, wenn er rechtskräftig in die Prozeßkosten verurteilt ist oder sie durch eine vor Gericht abgegebene oder dem Gericht mitgeteilte Erklärung übernommen hat oder sonst für die Kosten haftet (§ 125 Abs. 1 ZPO, § 54 GKG). Nr. 3.3.2 Satz 1 letzter Halbsatz gilt entsprechend.

4.8 Wird dem Kostenbeamten eine Zweitschuldneranfrage der Gerichtskasse vorgelegt, so prüft er, ob die Partei, der Prozeßkostenhilfe mit Zahlungsbestimmung bewilligt ist, für die gegen den Gegner geltend gemachten Gerichtskosten als Zweitschuldner ganz oder teilweise haftet. Liegen diese Voraussetzungen vor, so unterrichtet er die Gerichtskasse hiervon und legt die Akten mit einer Berechnung der Kosten, für die Partei nach § 58 Abs. 2 Satz 1 GKG in Anspruch genommen werden kann, unverzüglich dem Rechtspfleger vor.

5. **Gemeinsame Bestimmungen bei Bewilligung von Prozeßkostenhilfe**

5.1 Werden dem Kostenbeamten Tatsachen über die persönlichen oder wirtschaftlichen Verhältnisse bekannt, die eine Aufhebung der Bewilligung der Prozeßkostenhilfe rechtfertigen können (§ 124 Nrn. 2, 3 ZPO), hat er die Akten dem Rechtspfleger vorzulegen.

5.2 Hat der Gerichtsvollzieher Berechnungen über Kosten für Amtshandlungen, die er aufgrund der Prozeßkostenhilfe unentgeltlich erledigt hat, zu den Akten mitgeteilt, so sind diese Kosten beim Ansatz wie sonstige Gerichtskosten zu behandeln.

5.3 Wenn bei einem obersten Gerichtshof des Bundes Kosten der Revisionsinstanz außer Ansatz geblieben sind, weil dem Kostenschuldner oder seinem Gegner Prozeßkostenhilfe bewilligt ist, hat der Kostenbeamte diesem Gericht Nachricht zu geben, sobald sich ergibt, daß Beträge durch die Bundeskasse einzuziehen sind.
Dieser Fall kann eintreten,

5.3.1 wenn das Revisionsgericht die Sache zur anderweitigen Verhandlung und Entscheidung, auch über die Kosten des Revisionsverfahrens, zurückverwiesen hat und nach endgültigem Abschluß des Verfahrens zu Lasten des Gegners der Partei, der Prozeßkostenhilfe bewilligt ist, Kostendes Revisionsverfahrens gemäß Nr. 3.3.2 oder 4.7 anzusetzen sind;

5.3.2 wenn der für die Revisionsinstanz beigeordnete Rechtsanwalt seinen Anspruch auf Vergütung gegen die Bundeskasse geltend macht, nachdem die Prozeßakten zurückgesandt sind; in diesem Fall teilt der Urkundsbeamte der Geschäftsstelle des obersten Gerichtshofes des Bundes eine beglaubigte Abschrift des Beschlusses, durch den die Vergütung festgesetzt worden ist, zu den Prozeßakten mit;

5.3.3 wenn nach Beendigung des Revisionsverfahrens ein Beschluß ergeht, durch den die Bewilligung der Prozeßkostenhilfe aufgehoben wird.

5.4 In der Nachricht teilt der Kostenbeamte mit, ob und gegebenenfalls in welcher Höhe etwaige Zahlungen, die nach § 120 Abs. 2 ZPO an die Landeskasse entrichtet worden sind, auf die Kosten des Revisionsverfahrens zu verrechnen sind. Sind die Zahlungen nach § 120 Abs. 2 ZPO an die Bundeskasse zu leisten, so sind dem obersten Gerichtshof des Bundes alle die bewilligte Prozeßkostenhilfe betreffenden Entscheidungen, die Kostenentscheidungen und eine Kostenrechnung unter Angabe der Beträge mitzuteilen, die in dem Verfahren von der Landeskasse vereinnahmt worden sind.

6. **Verfahren bei Verweisung und Abgabe**

6.1 Wird ein Verfahren an ein anderes Gericht in Bayern verwiesen oder abgegeben, hat der Kostenbeamte des verweisenden oder abgebenden Gerichts der Gerichtskasse eine Abschrift der Entscheidung zu übersenden; eine Änderung der Sollstellung des Höchstbetrages ist nicht erforderlich.

6.2 Bei Verweisung oder Abgabe an ein Gericht eines anderen Landes ist die Löschung der Sollstellung des Höchstbetrages zu veranlassen. Außerdem sind dem übernehmenden Gericht die bis zu diesem Zeitpunkt bezahlten Beträge mitzuteilen.

6.3 Wurde das Verfahren von linem Gericht eines anderen Landes verwiesen oder abgegeben, ist unter Berücksichtigung der bezahlten Beträge die Sollstellung des Höchstbetrages (Nr. 4.1) zu veranlassen.

7. **Kostenansatz nach Entscheidung oder bei Beendigung des Verfahrens**

7.1 Ergeht im Verfahren eine Kostenentscheidung, wird ein Vergleich geschlossen oder wird das Verfahren auf sonstige Weise beendet, setzt der Kostenbeamte die Kosten an und stellt die Kostenschuldner fest. In die Kostenrechnung sind die Gerichtskosten und die nach § 130 BRAGO auf die Staatskasse übergegangenen Ansprüche aufzunehmen. Soweit erforderlich, ist der Urkundsbeamte der Geschäftsstelle zu veranlassen, den beigeordneten Rechtsanwalt zur Einreichung der Berechnung seiner Vergütungen aufzufordern (§§ 124 Abs. 2, 128 Abs. 2 BRAGO).
Sämtliche Zahlungen der Partei sind – erforderlichenfalls nach Anfrage bei der Gerichtskasse – zu berücksichtigen.
Ist Prozeßkostenhilfe mit Zahlungsbestimmung bewilligt worden, so sind die Akten nach Aufstellung der Kostenrechnung unverzüglich dem Rechtspfleger vorzulegen.

7.2 Die Kosten der Rechtsmittelinstanz werden von dem Kostenbeamten des Rechtsmittelgerichts angesetzt (§ 4 Abs. 1 Satz 1 Nr. 2 GKG).
Kann dieser die Zahlungen, die von der Partei geleistet worden sind, der Prozeßkostenhilfe bewilligt wurde, noch nicht abrechnen, weil zu diesem Zeitpunkt die Vergütungen der Rechtsanwälte noch nicht bezahlt sind (§§ 124, 128 BRAGO) oder noch Zahlungen der Partei ausstehen, so hat die endgültige Abrechnung der Kostenbeamte der ersten Instanz vorzunehmen.

7.3 Der Partei, die Zahlungen geleistet hat, ist eine Abschrift der Kostenrechnung zu erteilen. Kommt eine Inanspruchnahme über den in der Kostenrechnung enthaltenen Betrag hinaus in Betracht, ist die Nachforderung vorzubehalten. In den Fällen der Nr. 8.2 ist gegebenenfalls darauf hinzuweisen, unter welchen Voraussetzungen die Partei für den vom Gegner geschuldeten Betrag in Anspruch genommen werden kann.

7.4 Ein Abdruck der Kostenrechnung ist der Gerichtskasse zu übersenden (gegebenenfalls zusammen mit der Mitteilung über die Einstellung der Zahlungen, vgl. Nrn. 8.1.2, 4.6).

8. Weiteres Verfahren nach Aufstellung der Kostenrechnung

8.1 Nach Vorlage der Akten (Nrn. 4.8, 7.1 Abs. 3) prüft der Rechtspfleger, welche Entscheidungen zur Wiederaufnahme oder Einstellung der Zahlungen zu treffen sind.
Er berücksichtigt dabei auch die bekannten Gerichtsvollzieherkosten (§ 122 Abs. 1 Nr. 1 Buchst. a ZPO) und die zu den Prozeßakten mitgeteilte Vergütung des beigeordneten Rechtsanwalts (§ 124 Abs. 2 BRAGO), soweit sie noch nicht aus der Staatskasse beglichen ist und der Partei ein Erstattungsanspruch gegen den Gegner nicht zusteht. Teilt der Rechtsanwalt seine gesetzliche Vergütung (mit den Gebühren nach § 11 Abs. 1 BRAGO) nicht mit (§ 128 Abs. 2 BRAGO) oder wird eine notwendige Kostenausgleichung nach § 106 ZPO nicht beantragt, so wird der Rechtspfleger seine Bestimmung ohne Rücksicht auf die Vergütungsansprüche des Rechtsanwalts treffen.

8.1.1 Ergibt sich eine Restschuld der Partei, der Prozeßkostenhilfe bewilligt ist, bestimmt der Rechtspfleger den Zeitpunkt der Einstellung der Zahlungen. War vorher eine vorläufige Einstellung verfügt, so wird er die Wiederaufnahme der Zahlungen anordnen.

8.1.2 Ergibt sich keine Restschuld der Partei, wird der Rechtspfleger die Einstellung der Zahlungen anordnen. Dabei wird er beachten, daß eine endgültige Einstellung der Zahlungen unter Umständen erst nach Rechtskraft der Entscheidung möglich ist, weil bei der Einlegung eines Rechtsmittels durch die Partei oder den Gegner und die Bewilligung von Prozeßkostenhilfe mit Zahlungsbestimmung für die Partei die Raten bis zur 48. Monatsrate weiter zu zahlen sind.

8.2 Der Betrag, der vom Gegner der Partei eingezogen werden kann (Nr. 4.7), ist der Gerichtskasse zur Einziehung zu überweisen (Neusollstellung); in der Urschrift der Kostenrechnung ist das Kassenzeichen der früheren Prozeßkostenhilfe-Sollstellung zu vermerken. Die Gerichtskasse ist um Mitteilung des Einziehungsergebnisses zu ersuchen.
Nach Zahlung ist die Löschung des Restbetrages der Sollstellung des Höchstbetrages (Nr. 4.1) anzuordnen. Wird nicht gezahlt, ist nach Nr. 4.8 zu verfahren.

8.3 Übersteigt der zu Soll gestellte Höchstbetrag die von der Partei tatsächlich geschuldeten gesamten Gerichts- und Rechtsanwaltskosten, so ordnet der Kostenbeamte nach endgültiger Erledigung des Verfahrens (Rechtskraft oder sonstige Erledigung und soweit eine Nachforderung gemäß Nr. 7.3 ausgeschlossen ist) die Löschung des Differenzbetrages im Kostensoll an.

9. Aufhebung und Änderung der Bewilligung der Prozeßkostenhilfe

9.1 Hat das Gericht die Bewilligung der Prozeßkostenhilfe aufgehoben (§ 124 ZPO), so berechnet der Kostenbeamte die bis zu diesem Zeitpunkt fälligen Kosten (gegebenenfalls unter Einbeziehung der nach § 130 Abs. 2 BRAGO auf die Staatskasse übergegangenen Ansprüche der Rechtsanwälte) und überweist sie unter Angabe des Kassenzeichens der Prozeßkostenhilfe-Sollstellung der Gerichtskasse zur Einziehung; § 10 Kostenverfügung bleibt unberührt. Nr. 7.1 Abs. 1 Satz 3 gilt entsprechend. Die aufgrund der Bewilligung der Prozeßkostenhilfe bezahlten Beträge sind abzusetzen. Die Löschung der Sollstellung über die vom Gericht gemäß § 120 Abs. 1 ZPO festgesetzten Zahlungen ist zu veranlassen.

9.2 Setzt das Gericht andere Zahlungen fest, gilt Nr. 4.4 entsprechend. Der Kasse ist eine Abschrift der gerichtlichen Entscheidung zu übersenden.

10. Verfahren bei der Gerichtskasse

Für die Behandlung der vom Gericht im Verfahren der Prozeßkostenhilfe festgesetzten Monatsraten und sonstigen Beträge durch die Gerichtskasse gilt folgendes:

10.1 Sofern nicht Sollkarten besonderer Farbe verwendet werden, ist auf der Sollkarte der deutliche Vermerk „Prozeßkostenhilfe mit Zahlungsbestimmung“ anzubringen.

10.2 Der von dem Kostenbeamten mitgeteilte Höchstbetrag (Nr. 4.1) ist zum Soll zu stellen, in der Zahlungsaufforderung an die Partei jedoch nicht anzugeben. Von der Sollstellung darf die Gerichtskasse nicht absehen.

10.3 Die Gerichtskasse ist nicht befugt, fällige Beträge zu stunden (vgl. §§ 120, 124 ZPO). Bei der Gerichtskasse eingehende Stundungsgesuche sind unverzüglich an das Gericht weiterzuleiten. Die Einziehungsmaßnahmen sollen in der Regel bis zur Entscheidung des Gerichts einstweilen eingestellt werden.

Ist aufgrund der Rechtsprechung nach rechtskräftigem Abschluß eines Verfahrens die Justizverwaltung für weitere Entscheidungen (insbesondere Stundung, Herabsetzung der festgelegten Zahlungen) zuständig, gelten Nrn. 3 und 16 der Anlage 2 zu den VV zu Art. 79 BayHO entsprechend.

10.4 Die Gerichtskasse hat dem Gericht mitzuteilen:

10.4.1 unter Angabe des bisher bezahlten Gesamtbetrages sowie der bestehenden und der erfolglosen Vollstreckungsmaßnahmen jede Monatsrate und jeden sonstigen Betrag, mit dessen Zahlung die Partei länger als drei Monate im Rückstand ist (§ 124 Nr. 4 ZPO),

10.4.2 die Zahlung des gesamten zu Soll gestellten Betrages,

10.4.3 die nachträgliche Zahlung eines dem Gericht mitgeteilten Betrages, mit dem die Partei länger als drei Monate im Rückstand war;

10.4.4 auf Ersuchen die für einen bestimmten Zeitraum eingegangenen Zahlungen oder den Stand des Einziehungsverfahrens.

10.5 Eine Partei, die fällige Beträge nicht rechtzeitig zahlt, ist vor der Beitreibung in der Regel zu mahnen. In der Mahnung ist der Schuldner auf die Folgen des Verzugs (insbesondere auf § 124 Nr. 4 ZPO), auch hinsichtlich der nicht rechtzeitigen Zahlung der weiteren Raten hinzuweisen. Für die folgenden Raten ist eine Mahnung nicht mehr erforderlich.

10.6 Im übrigen gelten die allgemeinen Kassenbestimmungen für die Einziehung von Kosten (Anlage 2 zu den VV zu Art. 79 BayHO).

11. Schlußbestimmungen

11.1 Diese Bekanntmachung tritt am 1. November 1985 in Kraft.

11.2 Die Verwaltungsschrift vom 10. Dezember 1980 Gz. 3715–I–564/80 tritt gleichzeitig außer Kraft.

Stichwortverzeichnis

Die Zahlen verweisen auf die Randnummern

Heussen

Zwangsvollstreckung für Anfänger

Von Dr. Benno Heussen, Rechtsanwalt, unter Mitarbeit von Reinhard Prüske, Rechtspfleger in München

1986. XXIV, 157 Seiten. Kartoniert DM 28,–
ISBN 3-406-31060-5

Dieses neue Werk behandelt die **praktischen Abläufe** der Zwangsvollstreckung. Damit auch der **Anfänger** eine bessere Vorstellung von der komplizierten Materie bekommt, werden die Probleme in der **zeitlichen Reihenfolge** behandelt, in der sie in der Zwangsvollstreckung auftreten. **Kosten** und praktischer **Nutzen** jeder Zwangsvollstreckung werden erläutert und gegeneinander abgewogen. Die gegenläufigen Interessen von Gläubiger und Schuldner sind herausgearbeitet, so daß der Benutzer gerade für die Praxis lernt, worauf es ankommt.

Die Fallgestaltung ist **leicht verständlich** und geht vor allem auf die ständig wiederkehrenden Probleme ein.

Aus dem Inhalt:

- Berechnung der Höhe der Forderung
- Funktion und Erwirkung des Titels
- Rechtsmittel und Rechtsbehelfe
- Vollstreckung gegen Sicherheitsleistung und bei Zug-um-Zug-Leistungen
- Auswahl der richtigen Vollstreckungsmaßnahmen
- Sachpfändung durch den Gerichtsvollzieher und die Verwertung der gepfändeten Sache
- Vereinbarungen mit dem Schuldner
- Zahlungen auf den Titel
- Offenbarungsversicherung
- Vorpfändung
- Vollstreckung aus einstweiliger Verfügung

Verlag C. H. Beck München

Die praktische Einführung

Enders

Die BRAGO für Anfänger

Von Horst-Reiner Enders, Bürovorsteher

4., erweiterte Auflage. 1986
XVI, 182 Seiten. Kartoniert DM 29,50
ISBN 3-406-31058-3

Dieses Buch zeigt **anschaulich** und **leichtverständlich** den richtigen Umgang mit der Bundesrechtsanwaltsgebührenordnung.

Jede Gebühr wird in einem gesonderten Kapitel abgehandelt. Die Voraussetzungen für den Anfall der Gebühr sind **klar** und **übersichtlich** erläutert und in **einprägsamen Kernsätzen** zusammengefaßt.

In zahlreichen **Beispielen** kann der Leser **praktisch nachvollziehen,** was vorher theoretisch erarbeitet wurde. Am Ende des Buches befinden sich die **Lösungen** zu diesen Anwendungsbeispielen; damit wird dem Leser die Gelegenheit gegeben, sich selbst zu kontrollieren und Aufschluß über seinen Leistungsstand zu gewinnen.

Die **4. Auflage** wurde eingehend **überarbeitet und erweitert;** dies gilt insbesondere für das Kapitel **»Straf- und Bußgeldsachen«.** Ausführlich behandelt das Werk die Abrechnung nach der **»Differenztheorie«** bei einem Teilfreispruch und die übrige Kostenfestsetzung. Vollkommen neu gestaltet ist das Kapitel **»Besondere Gerichtsbarkeit«.**

Damit ist dieses Lehrbuch weiterhin eine **ideale Lernhilfe** für alle, die sich das Anwaltsgebührenrecht erarbeiten wollen. Auch der Praktiker greift gern zu diesem Buch, um sich schnell zu orientieren.

C. H. Beck München